O TETO

IDEIAS
SEM ANESTESIA
PARA RESPOSTAS
DE VEIAS ABERTAS

Editora Appris Ltda.
1.ª Edição - Copyright© 2021 dos autores
Direitos de Edição Reservados à Editora Appris Ltda.

Nenhuma parte desta obra poderá ser utilizada indevidamente, sem estar de acordo com a Lei nº 9.610/98. Se incorreções forem encontradas, serão de exclusiva responsabilidade de seus organizadores. Foi realizado o Depósito Legal na Fundação Biblioteca Nacional, de acordo com as Leis nos 10.994, de 14/12/2004, e 12.192, de 14/01/2010.

Catalogação na Fonte
Elaborado por: Josefina A. S. Guedes
Bibliotecária CRB 9/870

P149t
2021
	Paiva, Rui Afonso do Nascimento
	   O teto: ideias sem anestesia para respostas de veias abertas /
	Rui Afonso do Nascimento Paiva. - 1. ed. - São Paulo: Appris, 2021.
	   219 p. : il. ; 23 cm.
	
	   ISBN 978-65-250-0852-3
	
	   1. Reflexão (Filosofia). 2. Biografia. 4. Espiritualidade.
	I. Título. II. Série.
	
	                                                            CDD – 869.3

Appris editora

Editora e Livraria Appris Ltda.
Av. Manoel Ribas, 2265 – Mercês
Curitiba/PR – CEP: 80810-002
Tel. (41) 3156 - 4731
www.editoraappris.com.br

Printed in Brazil
Impresso no Brasil

RUI AFONSO DO NASCIMENTO PAIVA

O TETO

IDEIAS
SEM ANESTESIA
PARA RESPOSTAS
DE VEIAS ABERTAS

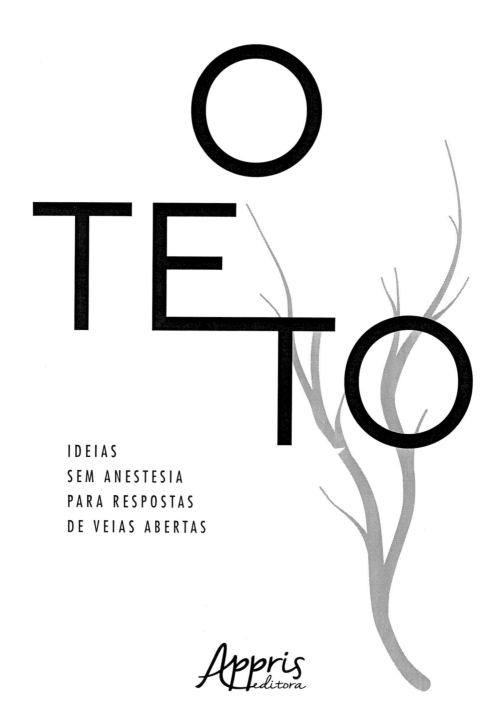

Appris
editora

FICHA TÉCNICA

EDITORIAL	Augusto V. de A. Coelho
	Marli Caetano
	Sara C. de Andrade Coelho
COMITÊ EDITORIAL	Andréa Barbosa Gouveia (UFPR)
	Jacques de Lima Ferreira (UP)
	Marilda Aparecida Behrens (PUCPR)
	Ana El Achkar (UNIVERSO/RJ)
	Conrado Moreira Mendes (PUC-MG)
	Eliete Correia dos Santos (UEPB)
	Fabiano Santos (UERJ/IESP)
	Francinete Fernandes de Sousa (UEPB)
	Francisco Carlos Duarte (PUCPR)
	Francisco de Assis (Fiam-Faam, SP, Brasil)
	Juliana Reichert Assunção Tonelli (UEL)
	Maria Aparecida Barbosa (USP)
	Maria Helena Zamora (PUC-Rio)
	Maria Margarida de Andrade (Umack)
	Roque Ismael da Costa Güllich (UFFS)
	Toni Reis (UFPR)
	Valdomiro de Oliveira (UFPR)
	Valério Brusamolin (IFPR)
ASSESSORIA EDITORIAL	Lucas Casarini
REVISÃO	Sarah Rappl
PRODUÇÃO EDITORIAL	Jhonny Reis
DIAGRAMAÇÃO	Yaidiris Torres
CAPA	Eneo Lage
COMUNICAÇÃO	Carlos Eduardo Pereira
	Débora Nazário
	Kananda Ferreira
	Karla Pipolo Olegário
LIVRARIAS E EVENTOS	Estevão Misael
GERÊNCIA DE FINANÇAS	Selma Maria Fernandes do Valle

Para Meirevaldo e Margarida Paiva, in memoriam, sem eles, a liberdade de viver e de refletir seria um tormento e a vida menos divertida.

Aos meus amores, Geiza e minha filha Ana Karina, ambas alimentam incrivelmente as turbinas do meu viver e do ar que respiro.

AGRADECIMENTOS

Agradeço a Deus. Agradeço também aos meus irmãos Frederico, Roberto e Andréa por compreenderem a poderosa mensagem dos "Quatro Mosqueteiros": "Um por todos e todos por um". Aos meus sogros Roberto e Odaléia, por conseguirem se doar ao incrível ato solidário de querer bem a todos. Aos meus cunhados e cunhadas. Aos meus parentes. Às professoras Rute Costa e Luíza Magno. Agradeço a amizade de Nazaré Klautau Costa, Gildásia Aguiar, Yolanda Vilhena, Pedro Milhomens e Tânia Santos, Paulo PC, Sidney KC, Rafael Mergulhão, Victor Estácio, Sérgio e Simone Barbosa e Camilo e Kika Salgado pelas orações e energias positivas. Agradeço a dedicação, profissionalismo e humanidade dos médicos, enfermeiros, fisioterapeutas, auxiliares de enfermagem, técnicos e a todo corpo de funcionários da Beneficente Portuguesa em Belém. Aos doutores Geraldo Harada, Katsuro Harada, Mauro Lima e Jairo Pinheiro. Ao Edyr Augusto Proença. Ao Edilson Agrassar, em nome dos amigos do NSEAJ/SEMAD, e a todos que foram o motivo de ter começado esta obra com uma "pequena" carta de agradecimento de 17 laudas.

QUE RUFEM OS TAMBORES

Então ele acordou e deu de cara com o teto, branco como uma folha de papel. Poderia ter piscado uma vez, começado a perceber os sons, aqueles *bips*, ruídos e vozes, e, do nada, meio tonto, escutando em sua mente aquilo que seria a trilha sonora do roqueiro em um leito de UTI, "Ando meio desligado, eu nem sinto os meus pés no chão, olho e...", opa! Lucidez de novo? Meu Deus! Teria sido a medicação ou a lisérgica música d'Os Mutantes? Não, nada disso ou, talvez, tudo isso! Adicione à personalidade inquieta e criativa deste pai, marido, professor, advogado, astrólogo, músico e escritor, uma mente inquieta, cheia de ideias, incapaz de sossegar até quando está convalescendo de uma cirurgia. Bom, esse cara aí é o Rui Paiva e, para ele, se o teto parecia uma folha em branco, então nada mais natural do que começar a escrever, e foi isso que ele fez.

Entre uma medicação e outra, e o vai e vem dos profissionais de saúde, Rui escreveu sobre os passos que o levaram até este ponto da sua vida, avaliando cada detalhe, cada hábito, cada comportamento, mas não pense que há um pesar, um remorso, de forma alguma. Há a aceitação madura, o aprendizado e principalmente a necessidade de repassar essa experiência, senão, de que adiantaria tamanho conhecimento, tamanha riqueza? A vivência no hospital fez pousar seu olhar arguto sobre os que atuam ali, não apenas médicos e enfermeiros, mas qualquer um, que com um simples sorriso e um bom-dia, pudessem alterar para melhor ou pior o dia de um paciente. A todo tempo, de uma maneira comovente, o autor descreve como sentiu na pele a importância da humanização desses profissionais e como isso afeta a vida dos pacientes.

Enquanto olhava para cima no quarto do hospital e pensava no mundo lá fora, no frenesi da vida do mundo pós-moderno, Rui passou a refletir sobre o que importa de fato nessa nossa vida de meu Deus. Ora, quer aprender o que de fato importa na vida? Então ouça alguém que acabou de ganhar uma segunda chance, não tenha dúvida, a clareza e a simplicidade com a qual ele vê o que de fato importa – aspectos sutis da nossa relação com a família, amigos, nosso trabalho, nossos colegas de trabalho, nosso lar –, deixa-nos sem ar. Aliás, como não dar *spoiler*? As reflexões sobre o lar são tão tocantes que nos fazem ter certeza que esse ambiente sagrado não pode, em hipótese nenhuma, ser maculado pelo caos e desarmonia.

Em meio a um mundo cada vez mais materialista e opressor, o professor Rui Paiva nos mostra como a fé pode nos ajudar a lidar com processos tão complexos como o que ele passou; suas caminhadas até a capela da Beneficente Portuguesa, seus momentos de oração, são sopros de Deus num mundo cada vez mais perdido no imediatismo do ter e do poder, da falta de empatia pelo próximo. E faz isso de uma forma muito bem-humorada pelas conversas que teve com pacientes quando tenta conhecer o caso de um ou outro e, de alguma maneira, confortá-los, seja contando uma piada, normalmente piadas do jeito dele, quem o conhece sabe como ele conta piadas, ou dando uma palavra de conforto.

O teto, a partir de agora, não será mais o telhado, o abrigo, a estrutura planejada, o teto é o calor do humanista que habita na herança do pai, o professor Meirevaldo Paiva. Rui, o amigo, mesmo no leito de uma UTI, arvorou-se na hercúlea tarefa de escrever um livro relatando suas experiências, algo que o ajudasse a dividir com as pessoas o aprendizado daquele momento tão difícil e, um pouco mais, os 50 e tantos anos de uma vida cheia de livros, astros e rock and roll.

Sidney Klautau

Músico e empresário

SUMARIO

PARA ENTENDER O CASO.. 14

PONTO ZERO 18

PRESSA PARA QUEM? 23

O ÓCIO E OS SILÊNCIOS... 26

ENTRE O PASSADO E O VIVER O PRESENTE 29

ENTRE A ESPERANÇA E OS NÚMEROS 34

TEMPO, TEMPO, TEMPO… 37

FAST- FOOD? 39

CARPE DIEM 42

AS FORMIGAS... 45

EXTRATO DA CONTA 48

HORA DE SAIR 50

BIOLOGIA E SINCRONIA 52

ESPELHO MEU… 56

E OS ANJOS DIZEM AMÉM... 61

OH, JUVENTUDE! 63

CRUSHES 66

MUDAR, MAS COMO? 69

FUTEBOL PARA QUEM? 75

A SOPA.. 84

A CORRENTE DO MAGISTÉRIO 88

DA PAZ E AMOR ÀS GRAVATAS.. 93

NA PRESSÃO 96

OUVIR 99

TECNOLOGIA E O PODER 102

AMOR ESTRANHO AMOR 108

RUAS 113

EXEMPLOS 117

A PRISÃO DOS ADJETIVOS... 119

LEITURAS DAS PRISÕES SEM GRADES.. 121

POR FAVOR, SILÊNCIO! 124

TALENTOS E MAIS TALENTOS 127

E OS DIAS INDO.... 131

CORAÇÃO DE ESTUDANTE 134

OCEANOS 138

INDAGAÇÕES 140

TER DE... 142

E OS IDOSOS? 147

SOMOS E NÃO SOMOS. 149

PERCEBA 153

LIGAÇÕES INCONSCIENTES IMPERCEPTÍVEIS 155

ELOS 158

GUARDAR DO LADO ESQUERDO DO PEITO 164

ENGRENAGEM. 171

AS INCERTEZAS. 174

GOOOL. 178

E NO OUTRO DIA? 181

ALTA, ROCK AND ROLL 183

LAR 186

O PODER DA LUZ 192

DOIS MUNDOS? 195

SE PENSO EXISTO OU SE EXISTO PENSO? 199

DEVER CÍVICO. 203

FATO INESPERADO 205

VOLTA AO TRABALHO 210

ROCK É ROCK MESMO. 211

O INÍCIO DO EPÍLOGO. 214

EPÍLOGO 216

PARA ENTENDER O CASO

Os textos que seguem são resultado de um drama pessoal vivido na cama de um hospital após uma cirurgia no coração. Nesse tipo de cirurgia sempre há um grande risco, mesmo com todo o avanço da tecnologia. Esta literal parada, de fato, foi providencial para me salvar, primeiro pelas mãos de Deus e segundo pelas mãos dos médicos e dos profissionais envolvidos. Como em qualquer procedimento cirúrgico, na posição de paciente, sempre é bom ter noção da realidade antes, durante e depois, sobretudo no pós-operatório. Sabia e entendia as dificuldades e mantinha a confiança com ajuda de parentes, do pensamento positivo de amigos e, claro, do meu otimismo. Impressionante foi a energia dos amigos, de parentes e de pessoas queridas, podia senti-la quase inexplicavelmente de forma incrível e saudável durante minha estada no hospital. Sentia algo extraordinário proveniente do mundo, talvez do Universo. Podia ser uma viagem da cabeça, mas em todo caso vamos viver, não é?

Tenho uma natureza agitada e, em tempos atuais, minha rotina não seria diferente com as atividades profissionais na área jurídica durante o dia e, ainda, em atividades musicais com a banda de rock que integro. Além disso, por vocação e herança de meus pais, escolhi ser professor de redação e leciono em um curso particular para alunos de nível médio e de nível superior com foco em concursos de vestibulares e públicos e em outro de redação oficial e instrução processual para servidores públicos no Pará, como também ministro aulas pelo Brasil afora. E ainda há outra atividade profissional, a profissão de astrólogo. Sim, estudei profundamente o assunto, escrevo e ajudo pessoas a encontrarem seus limites para se entenderem um pouco melhor. E assim levo a vida, quase num caos de rotinas. Levo, diria, levava...

Acontece que em um belo dia de sol fui diagnosticado com o entupimento em uma das artérias do coração e isso me levou à cirurgia de peito aberto, literalmente. Foi uma reviravolta em vários sentidos devido à mudança forçada no estilo de vida e às limitações iniciais no pós-operatório, principalmente com a inércia necessária para garantir minha recuperação. Imagine isso para uma pessoa acostumada ao movimento constante em várias frentes?

O osso achatado do peito que segura as costelas, o esterno, havia sido cerrado ao meio e precisava colar, isso levaria um tempo. São de quatro a seis meses para tudo voltar ao normal, só para se ter ideia, e durante o primeiro mês a dor é intensa na região do peito. Quando a pessoa se movimenta, quando se espirra, quando se vira, quando se mexe os braços, o incômodo é grande. Um verdadeiro drama com o paradoxo biológico de o cérebro informar que estava tudo certinho de um lado, pois o coração fluía maravilhosamente bem e, do outro, os movimentos eram limitados devido às dores naturais da recuperação gradual desse osso. Isso sem falar no corte na perna para retirada da safena, outras dores desse processo.

Bem, dramas à parte, comecei a pensar em escrever essa experiência pessoal ainda no hospital, no leito da UTI. Estava lá, parado, perplexo e com a impressão ou ilusão que deveria fazer algo, mesmo ali naquela situação. O objetivo era escrever um simples relato de experiência, sem maiores pretensões, ao bom estilo diário para meus irmãos e conhecidos entenderem o que houve e se divertirem às minhas custas. Com o tempo passando e muitas ideias vindo, questionei-me: para quem servirá esse tipo de história a não ser para mim, somente para mim?

Não teria, em hipótese alguma, a pretensão de me tornar exemplo para ninguém, mas refleti melhor: se isso aconteceu comigo, pode certamente acontecer com outras pessoas, inclusive parentes meus pela questão hereditária, e também com quem tem menos idade que eu, como pude observar na antessala do bloco cirúrgico no hospital antes de fazer a cirurgia. Fico perplexo em observar os impactos no coração em pessoas cada vez mais jovens e de todos os gêneros. Essa é uma realidade atual.

Resolvi, então, escrever esse relato como se fosse uma boa conversa em um café. A narrativa e o desenvolvimento das ideias é como se estivéssemos sentados em um boteco ou em um banco de praça ou em uma padaria, pelo menos foi essa a intenção. Senti a necessidade de dividir com outras pessoas sobre o que acontece nesses casos para terem a noção e possível consciência das consequências. E tem mais, nasci com uma essência de bom humor e de ser capaz de extrair alegria até de situações difíceis como a que passei.

Justamente por ser um drama com tudo que tem direito, porém mais ainda com a necessidade de ter de mudar o estilo de vida, senti ser um dever de minha parte resolver o meu problema, como também mostrar a outras pessoas o que é fazer parte dessa estatística e, se for o caso, até incentivá-las a ver a vida sob outro prisma. Isso não saía da minha mente durante o tempo de hospital, como se fosse um dever quase espiritual. Essa ideia virou um turbilhão plutoniano na cabeça e já me deixava confuso lembrar o movimento intenso nas atividades do cotidiano e ter de recuperar essa história de dias e mais dias em algum momento. Lembrei-me de ter falado várias vezes aos meus alunos de redação na hora de começar a escrever: "Te vira, jabuti". Agora sinto esse sabor na pele, queimei a língua. Eles devem estar lendo, lembrando e rindo de mim.

Existiam, porém, outros motivos para escrever, o que o leitor certamente perceberá durante as reflexões do tipo: a importância de a pessoa se tornar cada vez mais independente diante do mundo conectado; a leitura dos fatos de forma conjuntural e crítica; a utilização sensata dos portais virtuais que influenciam vidas de forma direta e indireta, com a via da crítica e da independência; viver a vida de forma leve e consciente para escolher os melhores caminhos; e muitos outros assuntos da vida cotidiana. São temas e ideias provenientes de debates em sala de aula e palestras, praticamente transbordadas na mente durante o tempo de hospital, não me pergunte como, desde os primeiros dias de consciência na UTI, depois de sedações e anestesia, até o dia da alta. Por sinal uma coincidência: a alta ocorreu com um dia de antecedência, justamente no Dia do rock, dia 13 de julho. Rock and roll!!!

Enfim, as ideias aparecem nesse relato na forma como fluíam na mente durante os dias de internação. O leitor deve até se perguntar: como pode acontecer isso no pós-operatório de um paciente de coração? Não sei explicar e confesso que nem fiz questão de perguntar ao médico, senão ele poderia me deixar internado por mais tempo pela falta de sanidade mental. Sei que pode parecer loucura, mas aconteceu mesmo e deixei os textos exatamente como pensava ao olhar para cima, ou seja, para o teto, digamos, os tetos.

Em alguns momentos uso a primeira pessoa para me referir a histórias pessoais e noutras a terceira pessoa em reflexões mais abrangentes. Pode passar a impressão de certa desordem de pensamento pela colocação dos assuntos, mas resolvi deixar assim mesmo para mostrar a todos o que pode acontecer com a mente, pelo menos com a minha, depois de um susto como esse, se é que essa desordem mental já não acontece com qualquer um, por exemplo, numa simples conversa em qualquer lugar com assuntos abordados de forma caótica, mas em uma ordem lógica aceita e entendida pelos ouvidos do cérebro. Para se ter ideia, o passado, o presente e o futuro entram no mesmo caldeirão e são mexidos pelos sentimentos, emoções e razão. E foi essa a intenção com a superposição dos temas expostos.

A linguagem utilizada é quase falada e reflete, com tantas ideias ao mesmo tempo, anos e mais anos de reflexões e discussões prazerosas com alunos, professores, amigos e desconhecidos, sempre em busca da melhor leitura da realidade e dos fatos para poder se traduzir em textos.

Se tocar um instrumento musical durante um show é um enorme prazer, ministrar aulas é também outro grande prazer para o espírito, por isso conversaremos, desde as primeiras folhas, sobre estilo de vida, forma de ver a realidade, os impactos do mundo tecnológico, qualidade de vida e outros assuntos típicos de uma cama de hospital.

São textos para vários públicos e mentes. O objetivo é buscar outros pontos de reflexão sobre questões abrangentes e específicas, sem a pretensão de buscar profundos fundamentos filosóficos ou científicos com citações enormes, mas humildemente peço que procurem desenvolver suas próprias respostas para fortalecer a vida. Isso já será suficiente.

E como tudo na vida, sempre haverá um ponto de partida, nesse caso totalmente fora do óbvio – o teto.

Espero que apreciem a leitura e extraiam o que tem de melhor. Vamos conversar...

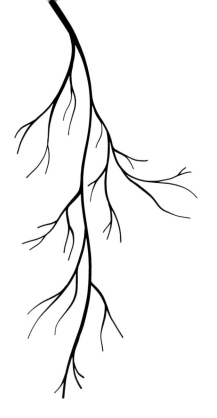

PONTO ZERO

    Luz. Muitas luzes ofuscam. Ouço os médicos conversarem sobre assuntos triviais como hambúrgueres, futebol, contas. Há um holofote redondo inclinado bem acima do peito. A enfermeira pega meu braço, amarra gentilmente ao lado da maca e aplica na veia um cateter. Pergunto se posso chorar com a agulhada e ela diz que posso. Preciso relaxar. O anestesista pergunta como estou e diante daquele quadro somente me resta dizer que estou bem. Alguém da equipe atrás de uns aparelhos fala: "Deixa eu ver esse paciente. Ih, ele é músico. É o baterista!". Caramba, descoberto numa hora dessas. O cirurgião diz: "Ei, Rui, a minha responsabilidade só faz aumentar contigo, rapaz" e começa a rir junto com os outros. Entra na sala de cirurgia outro médico-cirurgião proveniente de uma das salas de cirurgia ao lado: "Olha só o meu amigo Rui Paiva. Vai dar tudo certo, essa equipe é muito boa. Fique tranquilo". Agradeço e só me lembro de ver os rostos com máscaras e roupas cirúrgicas verdes. De repente tudo começa a girar e uma sensação de alívio se instala.

Teto. Restou apenas um teto naquele período nervoso. Imponente, simétrico, planejado, arquitetado. Um teto frio e rigoroso na forma. Simplesmente olhar para cima e me deparar com o resultado de uma vida inteira bem ali na frente, naquele lugar desconhecido, nunca imaginava aquela situação, nem com os outros. Essa escolha não dependeu exclusivamente de mim, é consequência, talvez, do estilo de vida e da hereditariedade com todos os percalços naturais para quem desejava acertar.

Corrigir os ponteiros da vida, a simetria entre os ponteiros de um relógio na parede, a ambição de ter mais tempo para se dedicar a tudo, incluindo família, amigos, compromissos sociais e responsabilidades, curtir a vida sob vários pretextos e contextos é a própria exatidão para quem estava naquele lugar recobrando aos poucos a consciência de um processo de anestesia e sedação, ancorado em um local bem definido de leitos com pacientes ligados a aparelhos por uma infinidade de fios. Olhar para cima de forma lívida, fixa, quase sem sentido, e observar a tentativa do homem em transformar em objeto a lógica matemática das ripas do teto, que compõem aquele cenário hospitalar especialmente desenvolvido para quem estivesse se restabelecendo de cirurgia cardíaca numa fria UTI, era a única opção. Não era o momento para começar a emitir juízos de valor, nem de procurar culpar o mundo a partir de mazelas pessoais, seria até fácil fazer isso na ânsia por um sentido plausível em contato com a tênue linha entre o ócio e o mundo de fora, ambos reais naquele momento, sob a estagnação daquele frio teto sobreposto e arquitetado para aquela finalidade.

Olhar para cima, interligado a diversos aparelhos apitando e monitorando os sinais vitais de meu corpo e de outros pacientes, é a única ação racional que me restava pensar naquele instante. Ciência e tecnologia integradas ao homem com toda sorte de desafios sob a supervisão de pessoas desconhecidas até então. E o teto está lá, intenso, grandioso, simétrico, pintado de creme claro em tinta óleo. Faz parte de uma estrutura gigantesca e, talvez, dantesca criada para estar ali e fazer parte da vida de muitos profissionais e pacientes.

As Ciências naquele momento se interligam, têm um significado especial e prático na vida de cada pessoa. Explica-se, justifica-se, às vezes chega-se a um ponto certo e, algumas vezes, devido às contingências e limitações do homem, alcança-se outros pontos entre as verdades das Ciências e dos enigmas voltados às indagações e pensamentos dos cientistas. O que é certo mesmo na vida, digamos, no sopro que é a vida, é apenas o fato de a verdade se transformar em verdades diante da pequenez dos seres humanos. A evolução notória do homem e da Ciência vai apenas a um determinado momento da vida para depois se transformar noutro, noutro e mais outros. Coitados daqueles que ousam pensar em descobrir ou manusear as verdades científicas com empáfia insignificante por conhecer ou deter informação dita relevante ao bem da humanidade. Muito pouco, mas muito pouco, se depender do ponto de vista de quem precisa, principalmente ao refletir diante do teto e da armação de uma estrutura lógica presa para dar conforto, proteção, equilíbrio e estética aos olhos. Aquilo é o que interessa naquele momento. O teto pode não ser apenas um detalhe, mas representa algo mais na luta diária de homens e dos enigmas da vida. Quantos olharam para cima e se questionaram?

Abri os olhos. Meu Deus, onde estou? Em que ponto cheguei. Olho para baixo, ou seja, tento olhar para meus pés cobertos por um lençol cheio de grafismos e identificações do hospital, vejo que estou amarrado com panos na grade lateral da cama. Deve ser para não cair. Mas naquele exato momento somente me resta olhar para cima, pois não há como me locomover, apenas ver o teto, pensar sobre a vida e esperar pacientemente pelo que vem pela frente. Resignação diante da vida ou da morte. Cinquenta por cento para cada. A garganta arranhada e o pigarro causam ainda mais dor no peito ao expelir secreções, levam-me a pensar em algo muito mais sério do que imaginava. Fui entubado, isso é fato. Entre mim e o teto, restaram a consciência e os inúmeros pensamentos interiores entre vida e morte, fiz ou não fiz, escolhi ou não, falei e me arrependi ou falei e pronto. Contradições da vida, sutis ou não, mas diferenciadas para se transformarem em escolhas no futuro.

A consciência de meu papel naquele local era apenas fazer a minha parte dentro de uma engrenagem de luta pela vida. De poder observar e refletir sobre mim numa verdadeira reviravolta mental, típica da movimentação uraniana e saturnina nos espaços siderais da vida, movida por Deus para me cientificar de realmente estar ali e pensar no verdadeiro papel como ser humano. Redimensionar a vida e refletir sobre as relevâncias de se ter uma família, de se ter amigos, de ser feliz para poder viver em paz ao parar, repentinamente, as intensas atividades sob a condição de um coração de ritmo pulsante e que ainda poderia trabalhar melhor após uma intervenção cirúrgica, se fosse a vontade de Deus. Os pensamentos e reflexões são inevitáveis ao olhar fixamente para cima. Vem uma tristeza e ao mesmo tempo certa euforia por ter sobrevivido.

É isso mesmo, foi preciso parar de forma abrupta para perceber o tal sopro da vida entre o campo visual do teto e meus cinquenta e dois anos de batimentos cardíacos com a surpresa de uma artéria cem por cento obstruída e outra com setenta e um por cento de entupimento. Destino ou não, hereditariedade ou não, aconteceu. Tem de resolver, decidir e contar com todos que puder naqueles dias antes da cirurgia. De uma vida intensa, cheia de movimento, justificando mais do que procurando respostas interiores, a verdade é que chegou a hora de dar uma parada providencial para ficar entre o mar e a areia, entre o céu e a terra, para repensar ou não sobre os significados mais incríveis a respeito da vida e a necessidade de saber envelhecer em tempos da ditadura comercial em prol da juventude e da jovialidade, seja por vias de consumo, seja por vias da manipulação da mente para todos serem "eternos jovens", transformados em números inseridos em uma indústria que rejeita o diferente simplesmente por um capricho de alguns beneficiários de um processo muito bem arquitetado e estudado.

"Deus, ajude-me a superar tudo isso! Entendo bem o sofrimento natural do corpo, o corte na carne e no osso neste momento, mas preciso de força para aceitar esse processo inevitável e literal de dor real, apesar dos analgésicos e medicamentos. Calma, paciência, resignação que tudo vai passar. Sem desespero e aflição. Preciso disso. Sei que Seu Filho também sofreu, meu Deus. Tudo bem, quem sou eu, vou aguentar por me sentir um privilegiado de chegar aonde cheguei".

Enquanto isso os aparelhos apitam, as enfermeiras vêm, sorriem, indagam-me como estou e somente me resta informar o normal, trivial de um paciente na UTI, "estou indo", o fatídico gerúndio para deixar todo meu drama bem claro. O sorriso refrescante das enfermeiras e a disponibilidade de atendimento me davam a tranquilidade quase aparente de estar bem, se é que pode ser entendida essa contradição entre o mínimo e o máximo em uma escala de valores criada pela situação conjuntural naqueles dias. Uma conversa com uma aqui e outra ali logo dão certo conforto com o passar das horas e dos dias. Começava a primeira receita para colocar em prática a paciência e a razão. As mínimas coisas eram a senha para começar a entender que a simplicidade de um atendimento profissional prestativo, com carinho, com um sorriso aberto de quem deseja acertar e tem a consciência de seu papel, colocam à prova a relevância da profissão num simples gesto para quem precisa – o paciente. O sorrir é construir e evoluir. E o bom humor salutar, evidentemente, é a base para muitas conquistas.

"Era o momento certo para colocar em prática todo o conhecimento da filosofia oriental já lido em diversas obras e poucas vezes aplicado durante a vida. Precisava me refazer, ressignificar-me em um processo de aceitação, resignação, para poder controlar a mente inserida em situação adversa com o desconforto de uma situação pós-cirúrgica e a necessidade involuntária de desejar, de toda maneira, sair daquele lugar o mais breve possível. Somente Deus para me apegar e suplicar por força. E aquela era minha esperança e força".

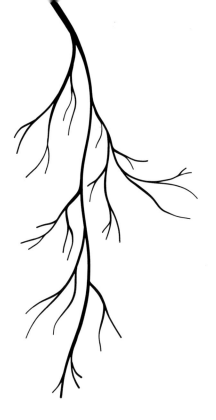

PRESSA PARA QUEM?

E o teto ali, imóvel, absoluto e soberano. À medida que o tempo passava, pelas condições em que estava, via-me na solidão de pensamentos necessários para minha individualidade. O exercício solitário de um quase silêncio era refletir, era o que restava por ordem universal. Meu monastério espiritual estava ali muito bem definido. As inquietações mentais diante das divagações, por mais que houvesse interferência dos remédios, do sono, da letargia, serviam para mais um dia de aprendizado, literalmente, para comparar erros e acertos na vida na relação passado e presente. As respostas, de forma rápida, nem eram tão importantes, pois a paciência não requer pressa e nem agonia para obter logo os resultados. E quem está com pressa?

Pressa para comer? Pressa para chegar logo em casa? Pressa para chegar no trabalho? Pressa para quê e para quem? Quem disse que tem de ter pressa para viver como se não houvesse amanhã? O momento é outro, o tempo virou. O tempo mudou. A ótica do tempo e das formas viraram do avesso. Nem as informações e a avalanche de notícias sequer têm importância para quem luta pela vida. Para quem está noutra dimensão de tempo o significado é outro. O universo mundial do celular deu a melhor trégua dos últimos tempos, não há significado algum agora. A dependência tecnológica da comunicação entre os homens deu o alento necessário ao realinhar os parâmetros necessários para poder corrigir a dinâmica equilibrada entre os batimentos cardíacos e a respiração. Não é o querer ler a mensagem, ver o vídeo, o querer se inteirar, mas sim a relevância em estar disposto para saber o que realmente é importante e significativo para a vida. Qual a razão daquilo tudo e da forma como se vivia?

Como fazer parte do todo, usufruir o que a sociedade dispõe tanto do ponto de vista material como espiritual se, no fundo, agimos de forma consciente e, algumas vezes, inconsciente em ações que vão da assinatura de um contrato até uma simples compra numa loja de roupa, por exemplo? E quem está ali, agindo daquela maneira está ali mesmo? Essa consciência, ou digamos, esse estágio de consciência sobre o papel individual a partir de uma análise da própria realidade em pequenos momentos do cotidiano pode representar muito ou praticamente nada durante a vida. Algumas vezes, a pessoa pode entrar numa loja e se questionar sobre uma compra, sobre o desejo em ter um objeto de consumo e da real utilização daquele objeto no dia a dia. Poderia pensar: será que preciso realmente daquilo ou estou sendo vítima de mim mesmo? Será que vale a pena viver dessa maneira, comprar pelo comprar, ter pelo ter, sem uma razão especial para aquilo? Essas indagações terão um efeito muito forte se o ambiente do qual faz parte for alterado por essa perspectiva consciente da conjuntura para se tornar um verdadeiro impacto, por menor ou maior que seja. Seria uma espécie de transformação mínima e gradual entre a necessidade de fazer parte da sociedade e de preservar os requisitos básicos da individualidade ao dominar, ou pelo menos tentar, o controle sobre os desejos diante de um verdadeiro bombardeamento da mente proveniente do campo magnético da TV e das necessidades do mundo virtual.

São 17h30 e mais um remédio chega para ser administrado pela enfermeira e, ao lado, a comidinha básica de hospital. Já estou desamarrado na UTI até mesmo porque minha consciência retornou e alguém deve ter dito que eu sou um "bom garoto". Parece uma reanimação em ser eu mesmo. Converso com as enfermeiras, conto algumas paródias para amenizar o dia e agradeço a atenção delas. Esse lado humano da estrutura de um hospital, diante de toda uma logística patrimonial rígida, demonstra algo muito especial, sobretudo ao lembrar da experiência em acompanhar, juntamente com meus irmãos, a via crucis de meu pai e de minha mãe pelos hospitais da vida: há esperança na humanidade. E afirmo com propriedade, essa esperança nas pessoas, na alegria do contato, refletida na imagem da paz da cor branca dos uniformes, no carinho do tocar as mãos para desempenhar bem o seu papel, dão o tom para um mundo melhor, por mais que alguns teimem em dizer o contrário por deduções meramente conjunturais.

A evolução da sociedade depende de cada um, de querer, de estar ciente, de estar informado, de estar consciente. O olhar das pessoas reflete as verdades e os enganos, os encontros e os desencontros, os acertos e os desacertos. Muito natural para a condição de ser humano. Ninguém é obrigado a acertar sempre, por mais que a intenção seja acertar. Os erros podem ser a chance de a pessoa se olhar, refletir e ter a dimensão entre o que pensa ser certo e errado. É importante equilibrar o que vem de fora, informações e imposições, e o que realmente deseja para si, considerando, evidentemente, o estágio de consciência. Sim, exatamente, esse estágio de consciência e de desenvolvimento pode ser capaz de mudar condutas, ações, pontos de vista, olhar de mundo.

Muitos filósofos nas mais diversas correntes pensaram, criticaram e contribuíram para o desenvolvimento do pensamento humano e da socie-dade, sobretudo para justificar alguns porquês e razões da vida do homem. Os livros e os textos comprovam a dinâmica do pensamento existencial desses pensadores. O ato de pensar, de filosofar, evidentemente, não é restrito aos filósofos, mas a qualquer pessoa. As ideias servem para serem refletidas, debatidas e contextualizadas conforme se pretende atestar a veracidade para cada um individualmente e também universalmente, mesmo dependendo das fontes de conhecimento, das óbvias lacunas de tais fontes. Em especial, pensar e acreditar que é possível mudar e transformar a vida, a partir de pensamentos conscientes, poderá ser o primeiro passo para um acontecimento na vida individual. Isso, quem sabe, pode ser o prenúncio na busca tão necessária da paz interior dos seres humanos.

E os pensamentos continuam indo e vindo em uma verdadeira ebu-lição mental, naquele retângulo de leito hospitalar. Vejo a maratona da vida coletiva de um intensivista na guerra pela vida dos pacientes, da atuação dos médicos à dedicação do varredor de chão trabalhando calmamente e com afinco. O importante é resguardar algo maior. E há algo maior, bem maior na preservação e na excelência de cada ação das pessoas naquela sala em que todos lutam ferozmente pela sobrevivência. Isso já é capaz de fazer valer a pena viver. A vida sim é algo maior. A felicidade vem a reboque. O resto são histórias a serem contadas para servirem de lição ou para serem esquecidas.

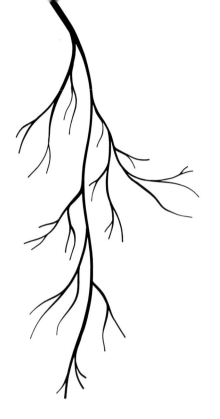

O ÓCIO E OS SILÊNCIOS

O tempo passa, o ponteiro do relógio gira na parede e quanto tempo se perde por nada, mesmo que tenha feito as escolhas para cada momento de sua vida. Quanto tempo se perde, simplesmente por opção? Ou não seria perda de tempo, nem preguiça, nem nada? Então vem outra indagação: mas por que eu tenho de produzir quase como obrigação? Por que eu não posso querer ficar sem fazer nada, sem produzir, sem querer fazer absolutamente nada? Ora, é uma questão de escolha não querer fazer nada. Mas será o nada realmente nada? Essa ou qualquer outra opção terá uma consequência e causará algum efeito.

É preciso entender o ócio, pois, além de fazer parte da vida, pode ser a oportunidade para se repensar ou equilibrar mente e corpo. O cérebro e os pensamentos não param. As escolhas, sejam quais forem, partem de parâmetros, por mais dramáticas que sejam. As opções podem ou não estarem disponíveis, inclusive a de dar um tempo para si. É importante também parar e se dedicar à óbvia ação de pensar no silêncio do tempo. É sempre uma escolha parar. Pare!

Pense, reflita, veja o que fez. Perceba o que disse em determinado contexto ou o que deveria ter dito e se omitiu. Não conseguiu perceber o momento certo de dizer? Paciência, é importante saber escolher as palavras certas para as ocasiões certas. Mas como fazer isso diante de tantas emoções, estresse, ansiedade, imposições? A respiração controlada e o equilíbrio entre razão e emoção podem ajudar a iniciar essa experiência. Mas pense: como fazer isso na civilização ocidental com um estilo de vida em que a relevância esteja fora do corpo, ou seja, nos objetos de consumo intrinsecamente trabalhados para funcionarem como elos impostos à felicidade do momento?

É feliz quem está vivo, por exemplo, com a preservação da vida no meio de uma das guerras espalhadas pelo mundo, diga-se, não somente aquelas mostradas pelas grandes emissoras de TV, mas muitas outras omitidas por elas por se tratarem de "guerras insignificantes", se é esse o termo correto. É feliz quem continua vivo em um dos barcos à deriva à procura de um país para ser aceito como refugiado de países em guerra. É feliz quem não tem doença e vive uma vida saudável. É feliz quem tem o básico em casa, desde água para beber, cama para dormir, chuveiro para se banhar, comida para comer. É feliz quem teve uma experiência infeliz e agora vive outra melhor. É feliz quem conquistou o silêncio para pensar. É feliz quem tem independência na maneira de pensar. É feliz quem conseguiu encontrar uma meta na vida. É feliz quem surfa, curte a natureza, curte os amigos, curte os encontros, curte o trabalho. Esses poucos exemplos fazem parte das ações humanas na busca por significados conscientes. No fundo, no meio das incertezas e inseguranças, típicas da sociedade pós-moderna, não seria feliz estar vivo?

Apesar de algumas dores no osso do peito, gradualmente com o passar do tempo ia me sentindo forte naquele período positivo de Lua Minguante, por sinal bem apropriado para intervenções cirúrgicas. Essa Lua é excelente na recuperação e para a cura de doenças. Sempre procurei extrair o melhor de tudo, desde os simples detalhes da natureza, das ideias salutares de alunos, da construção argumentativa de alguém, até mesmo de músicas questionáveis esteticamente. Observava, dentro do possível, os sinais da natureza de onde estava deitado naquele momento. Raios solares conseguiam ultrapassar as barreiras naturais das cortinas, brilhavam como nunca e demonstravam, nem sei como, esperança na superação daquele processo. Quando vi aquela luz entrando na UTI, quebrando a barreira das cortinas, dos ares-condicionados e das frias lâmpadas fluorescentes, somente me restou sorrir. Entendi ou quis acreditar ser aquela luz do Sol um sinal positivo de otimismo na boa recuperação e da restauração da vitalidade de todos na UTI. Isso não é delírio! Era um código, mesmo precário e cheio de boas intenções, para nunca perder a esperança. A vida não é uma questão de sorte e nem um simples joguete na mão dos homens, é uma dádiva literal no encontro do destino de cada um, com o direito ao livre-arbítrio para decidir aonde ir. Uma quase liberdade assistida sob algo maior e inexplicável.

Com o peito sob curativos exatamente em cima do corte do esterno, o coração bate tranquilo, a respiração gradualmente vai entrando em equilíbrio com o ritmo da entrada do oxigênio e dos batimentos cardíacos. O mais importante é a restauração da força do corpo e da mente. Com a respiração mais controlada, o pensamento flui cada vez mais e as inevitáveis elucubrações silenciosas vão tomando conta da mente. Nem sei se isso era positivo, pois a pressão sanguínea poderia ser alterada, mas, em todo caso, sentia uma incrível paz no coração. Nem dá para explicar como a paz era certeira. A tão necessária tranquilidade estava a minha disposição e resolvi abraçá-la. Não dava importância a mais nada material naquele momento. Parecia uma resignação para a contemplação do lado espiritual com toda a gama de respostas. E ainda encontrava tempo para sorrir de mim naquela situação... Isso pode ser um delírio.

ENTRE O PASSADO E O VIVER O PRESENTE

Hora da visita. Chegou meu irmão e depois minha irmã. Ambos preocupados, mas com esperança em minha recuperação. Palavras de alegria e de conforto comoviam. Conversa vai e conversa vem, algumas atualizações e notícias do mundo de fora. Fiquei contente em vê-los tranquilos e esperançosos. Lembrei a infância e a adolescência em lapsos temporais como se fossem únicos. Nesses momentos, é incrível, cenas do passado voltam em flashes. Meus irmãos, três irmãos, três homens e uma mulher, fazíamos parte de uma espécie de confraria. Inicialmente éramos eu e meus dois irmãos, conhecidos na infância em alguns meios como "Os três metralhas", para os íntimos simplesmente "Os metralhas". Aprontávamos muito como quaisquer garotos com a vitalidade natural da infância. Meu pai ao visitar um amigo professor em um hospital muitos anos depois, adentrou no quarto para confortá-lo e a primeira pergunta que o amigo/paciente fez: "E os metralhas, cadê eles?". Meu pai sem jeito e rindo meio sem graça, não sabia se aquilo era positivo ou negativo. Coitado, mais uma saia justa.

29

A infância, a pré-adolescência, a adolescência, a fase adulta, a meia-idade, a fase idosa. Tantas divisões e fases catalogadas e explicadas por profissionais da educação, da psicologia e da saúde têm razões biológicas, sociais, comportamentais e mentais. À medida que as crianças nascem, formam gerações e se transformam de acordo com a disposição de valores, educação e objetos referenciais de cada período histórico, percebe-se gradualmente a evolução da mentalidade, da inteligência a partir do acesso e da disponibilidade de informações por diversos meios e canais. O drama será entender como usar tanta informação e as formas de condução para ajudar cada um daqueles seres humanos a aprender a escolher em tempos pós-modernos ou qualquer outro nome que se dê a esse período histórico. Tais escolhas, diga-se, as quais cada geração já se deparou, tiveram limites conforme a época e os recursos disponíveis. Ninguém escapa ou sai ileso desse processo. Escolher, doa a quem doer, deverá ser um fato real na vida das pessoas. O direito de errar, o direito de acertar, ambos passarão a integrar o rol das experiências para o crescimento individual. Tudo é evolução, não dá para entender o contrário, apesar dos naturais choques de valores.

Hora da verificação de remédios, avaliações, anotações, alimentação, entre outros. Chega uma auxiliar de enfermagem com o olhar típico de quem carrega problemas em casa e, a princípio, sem ter soluções viáveis para resolvê-los. O olhar diz muito sobre cada pessoa. Ela é uma entre várias, talvez muitas, centenas. Cada um carrega seu fardo. Alguns menos, outros mais. A inteligência e a capacidade de avaliar cada situação é o primeiro recurso para ajudar. Saber equilibrar razão e emoção, não como se estivesse em um tubo de ensaio, mas considerando aspectos disponíveis em cada situação, é um exercício a ser experimentado durante a vida. É como se a pessoa estivesse passando por provas graduais nas relações com outras pessoas, desconhecidas ou não, para adquirir experiência e, até certo ponto, evoluir.

Era madrugada, acreditava, pois havia um clima de maior relaxamento na UTI, pelo menos em alguns momentos. Dava para notar o cansaço no semblante dos plantonistas. Encontrei motivo para rezar e orar por eles para resistirem bravamente como guerreiros em suas lutas diárias. Esquecia de mim momentaneamente em prol de todos. No dia a dia, abrir mão de aspectos materiais pelos outros, mesmo sabendo da "perda", é difícil. Tudo certo, o melhor era ter esperança e pensar positivo. Sentia vontade de agradecer, e aquela era a forma de agradecimento. Aproveitei e continuei rezando também àqueles que precisavam mais ainda – aos outros pacientes, coleguinhas de UTI.

Depois do meu ritual pessoal sobre a cama, cansei. Qualquer esforço era preciso ter muita energia, inclusive rezando. Preferi ficar imóvel me restabelecendo. Só para variar, olho para o teto sem pensar em nada, ou quase nada. Uma melancolia muito intensa me abatia naquele momento. Podia sentir a lágrima quente escorrer, tinha de deixar sair. Não sabia se era tristeza ou alegria de estar vivo. Fiquei por instantes confuso e as emoções ficam à flor da pele quando se mexe literalmente no coração. Senti a positividade e a palpitação forte. O sono começou a dar ares da existência e de repente aparece um profissional de branco, pega em meu pulso e na minha testa como se estivesse aferindo algo ou coisa parecida, e vai embora, desaparece como por encanto. Olhei para o lado para agradecer e sequer ouvi os passos dele indo em direção à saída. O cara sumiu! Lembrava do relógio prata antigo no braço dele. Pensei: quem será aquele homem? Não queria mais pensar em nada, estava cansado e dormi.

Acordei para os remédios matinais. Movimentação na troca da equipe de plantonistas. Há um clima diferente nas UTIs, não sei a razão. Os profissionais parecem ter atitudes peculiares em relação aos pacientes, talvez pelo grau de responsabilidade diante de possíveis intercorrências. Vejo os familiares de outro paciente conversando com os médicos sobre o estado de saúde dele. São histórias da vida real, cada uma com um significado imenso naquelas camas. Logo, nem lembrava da hora da visita, entra minha esposa sorrindo, um elixir naquele momento e me explicando com maiores detalhes técnicos sobre minha situação. Precisava ouvir aquilo para ter a dimensão de meu estado, apesar da recuperação estar seguindo como mandam os manuais. Fiquei mais tranquilo com a presença dela, um bálsamo. Ela me disse ser a terceira visita e eu não lembrava devido à sedação e o processo anestésico do primeiro dia. Carinho, afeto, compromisso com alguém, dão o alento e a calma para suportar aquele estado. O toque da mão e o sorriso, nem se fala.

Logo após vem à mente o ditado: "Viver um dia após o outro". Ou seja, saber viver cada momento de forma única. Lembrei das músicas que tanto ouvi nas festas com letras que diziam: "Viva hoje como se não houvesse amanhã". Padrões típicos da geração oitentista esperançosa por dias melhores por ocasião das muitas manifestações pelas "Diretas Já" com a força do rock ajudando a dar vazão a tanta energia acumulada. Ao mesmo tempo, com a esperança na restauração do regime democrático no Brasil, o futuro começava a ter uma carga ilusória em algo não palpável e talvez sem nexo para boa parte da juventude atual. A força do *carpe diem*, de viver intensamente o momento, encontra amparo na juventude. O que realmente esperar do futuro? Uma pergunta tão difícil de responder, porém bastante justificável para quem deseja se dar vários tipos de razão sem explicar nada.

Alimentar a esperança, independentemente da idade, é um exercício. Se está certo ou não, essa esperança, no meio do vazio social e individual, dependerá da dimensão das relações afetivas, da ocupação dos vazios no coração, das ideias na condução de empreendimentos, da forma como se lida com o presente e o passado e das próprias perspectivas nos caminhos da humanidade de geração para geração. É um verdadeiro drama coletivo proveniente da forma como se vive. E viver o agora com intensidade é uma escolha moral. Viver intensamente uma experiência sem se preocupar com as consequências, idem. Como diria, justificar para quê e para quem, não é? As ações do homem e toda sorte de justificativa para explicar para si, se o erro é erro e o certo é certo, dependem muito dessa perspectiva entre o poder de querer e o de fazer, porque viver o momento é a forma individual de dizer: "Eu sou livre e faço o que quero!". Exatamente o encantamento pela liberdade e de todo o poder advindo dessa palavra dá o teor individualista na eterna briga do homem e a coletividade para o aprimoramento crítico gradual de uma possível independência. Ora, quem é mais livre, aquele isolado numa ilha deserta ou aquele inserido numa sociedade complexa? E justamente as gerações dos oitenta iriam experimentar a liberdade em vários sentidos. O destino, então, se restauraria com o tempo para o aprendizado, quase pedagógico, acontecer de fato. E esse aprendizado continua na era dos direitos em uma democracia de fraldas.

E a rotina vai acontecendo normalmente na UTI. Um médico lê atentamente o prontuário de um paciente, indaga algo à enfermeira-chefe da equipe e vai em direção ao paciente da frente. Verifica os sinais vitais nas máquinas ao lado, confere com as anotações nas papeladas. Depois vem até mim, faz um gesto positivo pegando na minha testa e verifica o inchaço na perna da retirada da safena, sorri e diz estar tudo bem comigo, dentro da normalidade. Informa que evoluo bem. O médico tem bom humor e me pareceu utilizar um tipo de recurso durante a anamnese, justamente da época em que o toque na pele do paciente era importante para a percepção do diagnóstico e de empatia entre profissional e paciente. Mais uma vez penso que nem tudo está tão ruim como alguns pensam. Por isso, manter a esperança em algo maior, inclusive em uma nova forma de pensar a profissão, faz a diferença diante de um quadro forçosamente frio e distante de pacientes. E isso não é privilégio da área da saúde, as outras áreas também possuem desafios humanistas complexos. Cada atitude mais humana, mais solidária, mais próxima daqueles necessitados, praticamente de força de personalidade, pode ser capaz de favorecer mudanças positivas no ambiente, por menor que seja. O importante não são somente os protocolos, mas evoluir fazendo sua parte. Essa evolução começa a partir de respostas sintomáticas para o interior de cada pessoa e são elas que farão a diferença.

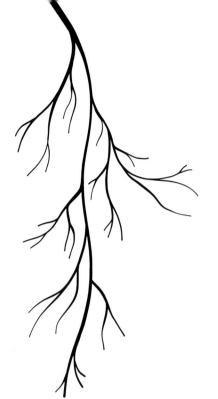

ENTRE A ESPERANÇA E OS NÚMEROS

Uns dizem que o ser humano não tem jeito, nasceu, cresceu e está fadado aos acontecimentos e às marés do consciente e do inconsciente coletivo. Outros acreditam ainda existir a esperança na evolução humana e no despertar de um momento transformador e enriquecedor da humanidade. A segunda corrente, mais positiva, é mais coerente com o ser humano, mas isso não quer dizer que a primeira teoria esteja totalmente incorreta. Sintonizar em pensamentos positivos, e um deles é a esperança, já é o início desse processo de conquistar o eu, a individualidade, para várias aceitações e limitações.

A mídia deixa claro o ponto de vista entre a formação de consumidores ávidos para serem felizes com a aquisição de objetos do desejo e também com a condução de informação parcialmente esclarecedora ao cidadão, sem considerar praticamente nada mais significativo e, talvez humano, além de critérios numéricos. Um exemplo é que hoje somos números inseridos em um sistema complexo de percentuais em que uma família com desempregados, passando por dificuldades, deixa de ser humana para se transformar apenas em um percentual numérico, diga-se, uma quantificação estatística. Convenhamos, é mais difícil noticiar que um milhão de famílias esteja em situação precária devido ao desemprego do que vinte e um por cento da população ativa brasileira esteja desempregada, não é? Nem adianta evitar a numeração fria porque todos somos números, segundo o IBGE. O senso existe efetivamente para a realização dessa contagem e para a realização de prognósticos a fim de os governos tentarem estabelecer critérios de ações específicas com um invólucro denominado de política pública. Se bem que a maioria dos governantes e asseclas nos três âmbitos da federação sequer estabelece tais políticas de forma séria, considerando um planejamento com o mínimo de lógica, mesmo com as informações de fato e de direito disponíveis.

Dessa forma, entre números e mais números, no meio do período da Copa do Mundo da Rússia, sou mais uma inevitável estatística em vários sentidos. Desde o peso do meu corpo e a hereditária hipertensão arterial, cirurgia e tudo mais. Quando assisto uma informação pela TV de parte da população brasileira estar acima da média do peso, já me incluo logo nessa estatística e me identifico com a pecha numérica automática de alguém que me considerou nisso tudo. E cada um de nós, homens e mulheres, estamos inseridos de alguma forma em estatísticas justificáveis sob diversos pretextos. Desde a época de estudante, inserido no sistema educacional, já somos meros números dentro da contagem de um sistema econômico, social e financeiro. Existem, evidentemente, razões lógicas e matemáticas para tal finalidade, disso ninguém escapa, e de uma forma ou outra, com ou sem manipulação desses números, seremos desde o nascimento estatísticas no controle da natalidade, de doenças, na escola, na educação, na mobilidade urbana, na mortalidade e, também, como pedestres e usuários do transporte urbano, de estar no rol da população economicamente ativa ou inativa e muito mais.

E a vida segue. O dia demora a passar e eu ali pensando na música "Dando milho aos pombos" do Zé Geraldo. Essa música tem uma letra incrível e eu deitado na cama da UTI. Há ainda o protocolo que, a princípio, estabelece casos como o meu, de ficar pelo menos três dias na UTI. Nem adianta ficar agoniado, pois isso não dependerá somente de minha pretensa vontade. Outros aspectos evidentemente deverão ser avaliados pelos profissionais da saúde. É melhor ficar no meio de meus pensamentos, ingerir uma torradinha com suco de laranja, e ficar envolto às avaliações sobre a vida. E o teto me faz pensar. E lá vêm ideias.

É preciso dar um basta em determinadas situações em que se vive. Parar por bem ou de forma obrigatória, é um fato. Precisei parar para perceber diversas coisas em constante movimento ao meu lado e, cego, não conseguia perceber absolutamente nada, absorvido pelo estilo de vida. Via pessoas em órgãos públicos entrando e saindo olhando resolutas para frente ou com olhares vazios ao chão. Percebia muita gente passeando pelas praças e com olhares contemplativos ou não, alguns sequer viam o que acontecia ao lado. Constatava muita gente entrando em condomínios, prédios, lojas, ruas e sequer percebia gente de uniforme da limpeza pública, ou dos serviços gerais em repartições públicas, ou simples uniformes de funcionários da limpeza merecedores de, no mínimo, serem considerados com o mais salutar dos cumprimentos – bom dia, boa tarde, boa noite, obrigado, com licença. A falta de percepção aliada à cegueira faz daquelas pessoas uniformizadas e, também, aqueles responsáveis por serviços elementares, porém importantes, pessoas invisíveis aos olhos de outros. No fundo há uma cegueira generalizada movida pelo estresse, interesses, ansiedade, discriminação, individualismo. Mas como aprender a enxergar e perceber os invisíveis?

Muitas lições, no entanto, vêm de forma perceptível pela maneira de agir de crianças, por exemplo, ao brincarem em uma praça. Quando elas estão com outras crianças, mesmo sem se conhecerem, parece que há um código de identificação sistemática a partir do ser criança, do tamanho, das cores, das brincadeiras, dos brinquedos, na salutar aceitação de novos amiguinhos. Isso, inclusive, com aval dos pais. Essa atitude das crianças em aceitar a outra numa brincadeira é reveladora e deveria servir de lição para a vida na hora de conhecer alguém ao iniciar uma conversa em fila de banco, em consultórios, na árdua espera de filas em repartições públicas, dentro de um elevador. Se as crianças praticam essa pureza na relação social e de empatia com outras crianças, qual a razão de os adultos evitarem sair de suas bolhas protetoras? Tudo bem, existem casos e casos, as pessoas crescem, deparam-se com toda sorte de personalidades, frustrações, desconfianças e muito mais. Mas é preciso inverter a lógica da exceção ser a regra e facilitar a vida de uma forma geral para não gerar tanta neurose e evitar situações negativas. Claro, as precauções sempre serão necessárias em tempos de tanta banalidade e de desafios da conduta humana, sobretudo quando paira no ar temas como violência. Porém, voltando às crianças, elas devem ser ouvidas, percebidas e consideradas. Aprender a dialogar com as crianças, e refletir sobre ideias no processo de educação com os pais ou responsáveis, é muito melhor para a autoestima de ambos do que a velha arma do medo ou da ameaça. A pureza das crianças pode ser um exemplo para algo maior aos adultos, basta olhar para elas despido de preconceitos.

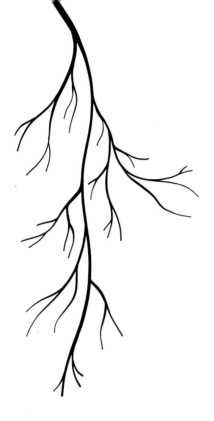

TEMPO, TEMPO, TEMPO...

E o tempo passa lento na UTI, mas dá as ordens universais. Nem adianta querer lutar contra ele, qualificá-lo com um adjetivo, desdenhar. Aceitar e pensar com sabedoria foi o que me restou. Olho para cima e em alguns momentos o teto passa a incomodar, confesso, ao ficar reclinado para frente na cama. Noutros momentos passa conforto e ajuda em milhões de pensamentos. O tempo para alguns é implacável, a culpa agora é do tempo. O tempo para outros é generoso, mais uma vez o tempo como bode expiatório. O tempo é um grande ensinamento para as virtudes humanas. Não será o tempo que trará a ruga ao lado dos olhos ou atuará como responsável pela acentuação das marcas de expressão no rosto, pois as dimensões do tempo são enormes e justificam o necessário entendimento para saber usá-lo com maestria. As corridas contra o tempo procuram justificar o atraso material da vida de muitos profissionais viciados e prisioneiros dos ponteiros do relógio. Tão viciados que a ansiedade e a forma de viver toma conta do cotidiano ao ponto de surgirem síndromes, interferindo, de fato, na saúde mental de parte da população mundial.

Implacável e absoluto, o tempo está ali ao lado do livre-arbítrio para ser gerenciado por cada um. Desde os primeiros raios solares, o tempo faz parte de uma mecânica biológica no cérebro construída a partir da experiência de vida, iniciada com o processo de despertar, por exemplo, em uma determinada hora, numa espécie de condicionamento entre mente e corpo. Esse despertar é gradual e vai desde um pouco antes da abertura dos olhos até o enfrentamento mental de ter de se deparar com as responsabilidades e as obrigações diárias. Mas se alguém alegar que uma pessoa sequer tem responsabilidade, demora a se levantar, e com palavras do tipo: "É um come e dorme dos infernos", seria bom evitar esse tipo de pensamento, pois cada um possui seus dramas pessoais, e como diz a sabedoria popular: "Cada pessoa tem o seu tempo". Não há escolhas, existe a biologia do tempo na mente e no fundo as pessoas de maneira geral têm no DNA registros das marcas do tempo e biologicamente carregam isso desde a ancestralidade. Registros, por sinal, que marcam o corpo e os órgãos internos. A Ciência comprova.

E como os registros mentais do tempo acontecem na vida cotidiana? É fácil perceber as dimensões do tempo no dia a dia. Há correlação com vários aspectos da vida de uma pessoa, no caso na saúde física e mental. Acontecem na capacidade de cálculo e de fazer prognósticos se terá ou não como realizar ações; no tempo de aprender um assunto; na capacidade de marcar compromisso e chegar no horário; na atividade mental consciente e, por vezes, inconsciente na condução de compromissos; na simples ação de conferir as horas para sair ou para chegar. Rigorosamente lidar com o tempo de forma saudável, sem ser escravo das horas e aliando-o de forma natural às atividades, pode representar qualidade de vida, sobretudo em tempos de *fast-food*, pressa e velocidade para "driblar o tempo". Observe que são vários aspectos que nos levam a ter de lidar naturalmente com o tempo, inclusive tudo acaba sendo um grande cálculo entre executar tarefas e os trajetos a serem percorridos para tal realização.

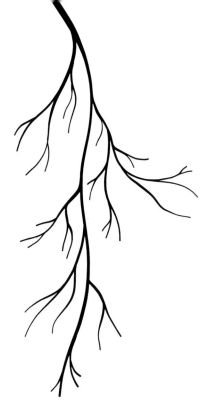

FAST-FOOD?

Por que frequentar restaurantes e lanchonetes *fast-food*? Quem inventou essa verdadeira artimanha comercial? Muito já se conhece sobre a alimentação, ou seja, a necessidade da boa mastigação, tranquilidade e satisfatória ingestão de alimentos para a digestão da comida no estômago. Então, quando se vai a um *fast-food*, a pessoa deve comer rápido a fim de dar vez imediatamente a quem espera, para o cumprimento do horário do almoço no trabalho e por isso é mais do que justificável comer apressadamente para voltar logo às tarefas no trabalho, para poder produzir (tudo está interligado, nem pense o contrário). Isso é bem estranho, pois a pessoa deveria fazer o contrário no momento sagrado da alimentação. Mastigar com calma o alimento, fazer a digestão com tranquilidade e de preferência sentado. O ato de comer é um estado que deveria ser de paz, de alegria e de agradecimento por estar podendo consumir o alimento, mas, boa parte das vezes, ocorre justamente o contrário, porque a pressa, o imediatismo, a famosa correria contra o tempo, gera ansiedade e mais ansiedade. Empurra a comida para dentro e vamos trabalhar logo, não é? A contradição é tamanha que sequer as pessoas se percebem vítimas de uma sistemática lógica inversa que acabará afetando a qualidade de vida em vários sentidos, inclusive a saúde.

O repensar diário em qualidade de vida e na capacidade de analisar a forma de vida de um urbanoide, a partir da simples observação cotidiana de sair de casa num dia de folga, domingo, demonstra nitidamente a grande bolha em que está envolvido. É até fácil adivinhar o que pode acontecer nesse dia de folga: simplesmente a pressa para chegar, pressa para sair, tempo para cumprimento do percurso. Aquela pessoa tem a necessidade de aproveitar o máximo, inclusive de almoçar antes de voltar para casa. E o domingo acaba entrando nesse círculo criando um verdadeiro curto circuito mental vicioso. Consequências da vida corrida na luta pelo tempo, digamos, por mais tempo. É como se a pessoa pudesse ou tivesse a ilusão para aumentar o dia de 24 horas para 30 horas. O ser humano está em uma corrida não contra o tempo, mas contra ele mesmo. Seria esperança por qualidade de vida ou mera compensação para a vida urbana?

Compensação ou não, o fato é que alguém teve a ideia de arquitetar e construir ambientes optando por móveis, cores e disposição de objetos com conotação de conforto, de iluminação e de união com a natureza, tanto em residências como em alguns restaurantes e locais de trabalho. Conforto físico, visual e de aconchego elevam a qualidade de vida e atingem o consciente e o inconsciente de forma a tornar a vida mais fácil e melhor. Hoje já existem restaurantes *"slow food"*, justamente para a pessoa repensar a atividade sagrada da alimentação no cotidiano, incluindo o ato da mastigação da comida com tranquilidade e paz aliado a um ambiente confortável e calmo. Alimento é energia e poderá representar maior estímulo para uma boa e salutar qualidade de vida. Essa qualidade faz parte do processo educacional formal nas escolas do fundamental e do ensino médio, em que a alimentação não é apenas um detalhe para quem necessita, representa importante ato para estimular, também, a capacidade de aprendizado. Isto é, a cozinha e as cozinheiras/merendeiras têm um papel importantíssimo nesse processo, e o professor tem o papel clássico de apresentar o alimento para o espírito com os conteúdos educacionais à vida intelectual. São dois momentos fundamentais para ajudar no aprendizado e na educação de uma criança ou de um adolescente. Unir qualidade na alimentação, ambiente e educação já é um caminho fundamental em vários sentidos e épocas da vida.

Peço à enfermeira para me reclinar um pouco para olhar menos o teto e simplesmente me deixar um pouco mais confortável na cama. Já estava ficando irritado com o teto e comigo. Aquela situação já estava me deixando estranho. Não dá para explicar esse "estranho". "Mantenha a calma e a tranquilidade, já sei". Penso mais na vida naquele momento ao tomar sopa de lentilha, mesmo sem apetite. O estômago embrulhava por causa dos remédios. Vou conseguir me superar e pensar na máxima, talvez atribuída injustamente ao ex-jogador da Seleção brasileira e do glorioso Botafogo, Gerson, o Canhotinha de Ouro: "Tem de tirar vantagem e proveito de tudo". É melhor eu curtir a sopa e pensar na vida, viver o agora e o que Deus está me fazendo olhar.

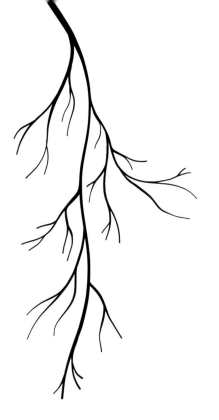

CARPE DIEM

Penso no termo em latim *carpe diem*, de aproveitar ao máximo o imediato, o agora, e ainda viver vorazmente o presente. É fácil perceber esses momentos em bares e boates da vida. Quando a pessoa está feliz, alegre com os amigos, a satisfação do encontro e do consumo se tornam excelentes motivos para festejar a vida e o quanto a vida é bela. Para alguns não há graça se não tiver bebida. Para outros não há graça se não tiver bastante comida. Para outros não há graça se não tiver gente bonita. Para uns e outros não há graça se não tiver as fatídicas drogas. Para outros têm de ter tudo ao mesmo tempo. Quem disse que para se divertir precisa necessariamente da imposição dessas condições? Será que é preciso beber, beber e beber para perceber o melhor da vida? Não seria melhor perceber de forma mais natural os prazeres da alimentação e da alegria de estar junto de pessoas interessantes? Quer dizer, então, para se divertir com toda a categoria do termo, com intensidade, é preciso consumir litros e mais litros de bebida alcoólica, ficar quase sem percepção real, perder a noção de tudo e no outro dia ficar literalmente o "bagaço"? Essa é mais uma das inversões criadas há muitos séculos e séculos sobre prazeres e diversão ideal da vida.

Manter o controle da consciência e da percepção é uma escolha, ao mesmo tempo em que optar pelo outro lado, da fuga pela fuga, também pode ser válido, dependendo de cada pessoa. O mais importante é saber o preço a se pagar com as escolhas. Se for para um lado o preço será um e, se for para o outro, o preço será outro. Sem deixar de comentar sobre a terrível ressaca, dores do fígado, além da tal ressaca moral e do padecimento do corpo. Nem é uma situação por vezes tão dramática assim, mas sempre é importante o estado de consciência para poder enfrentar a realidade, doa a quem doer.

E como tantos pensamentos vêm à mente de forma clara e objetiva naquela situação de UTI? É como se estivesse em cima da cama participando de um debate comigo. Eu *versus* eu – a UTI, ou eu e minha UTI favorita. O teto contra mim. Só falta subir a pressão e eu ter de ficar mais uns dias na cama. Pensamentos e conclusões vindo a todo instante na mente. Estão bem longe de serem a verdade, quem sou eu para me assegurar de verdades a partir de divagações meramente pessoais com meio século de vida? Entretanto, fica fácil notar ou lembrar que a vida conduz para a necessidade de as pessoas se sentirem com domínio sobre informações e, consequentemente, conhecimento. É natural esse processo de assimilação das informações e transformação em conhecimento gradual. É como se a todo instante fosse o retorno constante à gênese no processo de assimilação e percepção. Mas como pode isso naquela situação?

A criança, por exemplo, nasce e nos primeiros meses de vida é praticamente um animal que chora e grita quando quer algo. É um cristal bruto a ser lapidado gradualmente com os nãos e os sins. E assim crescem e tendem sempre a melhorar, mas, se isso não ocorre, outras situações devem ser desvendadas. À medida que a pessoa vai se construindo ou sendo construída durante a vida, com toda sorte de informação, ela evolui ou não. A regra, evidentemente, é evoluir. As palavras e as formas de colocá-las de maneira contextualizada são os primeiros passos para começar o exercício do poder próprio nas relações interpessoais no campo visual inicial da vida, isto é, entre a criança e quem ela enxerga. Isso não quer dizer que o choro, os sorrisos, os gestos antes não sejam formas também de exercitar quereres. Em outras palavras, lidar com o poder dá à pessoa uma espécie de liberdade a partir da construção do conhecimento no processo natural da assimilação das informações. Esse poder do conhecimento, há um mundo de teorias sobre isso em vários ramos científicos, é uma via de mão dupla a ser exercitada durante a vida, numa espécie de sistemática libertação intelectual de ver e entender o mundo, pois as informações e os conhecimentos podem transformar a pessoa. Algumas podem chegar ao ponto de chutar o balde, deixar aflorar a boçalidade, a arrogância, ficarem pretensiosas ou, então, justamente o contrário devido à capacidade em lidar com os problemas e realizar avaliações conjunturais com segurança e base no famoso sentimento tão salutar – a humildade. A linha é tênue entre esses dois mundos no exercício do poder do conhecimento na forma de encarar a sociedade.

Humildade, por sinal, é uma palavra mágica e transformadora, nunca é tarde para lembrar. Ser humilde para falar, ouvir, interpretar, deixar os outros se manifestarem é um sentimento dos mais elevados. Interessante é perceber no meio acadêmico e científico, em universidades e em meios privados, a empáfia de alguns que ousam serem cientistas e pesquisadores. Inclusive, alguns chegam a se considerarem mais representantes do "poder supremo dos céus" devido ao suor e reconhecimento de resultados de suas pesquisas acadêmicas e acabam, profissionalmente, por refletir de forma negativa investimentos de finanças públicas voltadas àquela finalidade. Uma literal fatalidade em políticas na área acadêmica proveniente de vícios administrativos para simplesmente justificar egos e mais egos. E cá entre nós, não existe tamanha pequenez do que o ego, se pensar bem.

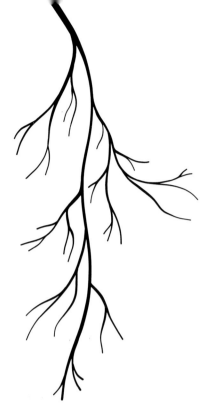

AS FORMIGAS

E o presente, o agora, o mundo real lá de fora está em movimento, devidamente sincronizado. As formigas trabalham, caçam, estão atrás do que comer no mundo natural. Outros animais fazem o mesmo. A sociedade dos seres humanos também se movimenta e faz o mesmo, busca o que comer. Simultaneamente são tempos em mutação que justificarão o período de transição histórica pelo qual vivemos nesses primeiros vinte anos do século XXI. Essa mutação, dependendo do ponto de vista, poderá ser perceptível ou não, óbvia ou complexa. Enfim, há uma comunicação silenciosa entre esses mundos.

Sempre há algo a dizer, apesar de a surdez quase certa para selecionar o que se deseja ouvir. A capacidade de ouvir em tempos de estímulo à comunicação virtual e de incentivo ao individualismo, muitas vezes espúrio, em diversas direções com engendramentos midiáticos bem claros e definidos, faz do homem uma verdadeira colcha de retalhos, um álbum de fotografia e filmes, exposto e aberto ingenuamente nas redes sociais. Um verdadeiro ator sedento pelo palco, desejoso de reconhecimento, contador de vantagens e mais vantagens, em que a simples fotografia de abertura em uma rede social sequer chega a se aproximar da realidade, camuflada por ângulos e envenenamentos tecnológicos em busca da melhor pose da beleza fabricada e fictícia. É como se a superfície do fatídico eu representativo, mostrasse, em parte, categoricamente o suprassumo da individualidade em detrimento da essência da vida coletiva, incluindo o familiar.

Um contrassenso dessa dicotomia entre individualismo e coletivo, até certo ponto, se mostra na assimilação de novos trabalhadores no mercado de trabalho nas empresas, quando se demonstra nos departamentos de Recursos Humanos uma dimensão da crise interna ao se indagar aos candidatos à vaga no concorrido mercado a respeito da realização de trabalhos coletivos em ONGs ou associações de moradores. Tal interesse na "vida coletiva" do RH da empresa é justamente para tentar perceber se aquela pessoa conseguirá trabalhar em equipe, saberá se relacionar de forma salutar com os colegas e, por conseguinte, se obedecerá a vontade da maioria para cumprir tarefas e estará à disposição da política de gestão empresarial implementada naquele local. Imagine isso na cabeça de um jovem, sedento por um lugar ao sol, cheio de energia e que vem de um processo educacional familiar e cultural com valores diferentes daqueles exigidos no exemplo acima?

E o mercado, de fato, precisa da disputa, da competição para poder se expandir, crescer até a estratosfera. "Eu sou o bom, eu sou aquilo, eu sou aquilo outro, eu sou a cura...", frases típicas que atestam vários sentidos na disputa por vagas e postos de comando. Pudera, durante a vida, afirmações como essas são bem comuns em várias situações diárias nas ruas, dentro das casas, nas escolas pelos professores e em filmes hollywoodianos. É dever ser o número 1, aff! Talvez uma preparação ideológica para entrar no inchado mercado de trabalho das formiguinhas? Há, quer queira ou não, uma literal competição para justificar atitudes, escolhas e talvez estimular interesses durante a vida estudantil e profissional visando a disputa pelo espaço nesse mercado. Isso praticamente começa cedo. E o "melhor" vence o jogo das notas dentro da sala de aula, na disputa com colegas, em casa na disputa com irmãos e parentes, e por aí vai seguindo esse tipo de jogo que inclui as linguagens do tipo: "A concorrência é grande", "O mundo é dos fortes", "Só vais ser alguém na vida se conseguires superar a competição da vida". No esporte uma equipe precisa ser melhor do que a outra, num verdadeiro jogo de preparação para vencer e se sobrepor ao adversário. É natural se pensar assim de forma geral, então qual seria a razão de ter de "tomar" a vaga de um amigo nas cadeiras de uma universidade pública ou privada num concurso de vestibular? Essa é a lógica?

Com ou sem darwinismos, acontece justamente na escola um dos momentos mais contraditórios na vida de um estudante, criança ou adolescente, com ou sem dilemas, quando chega o final do ano em que o espírito de finalização de ciclo, ao lado do espírito fraterno do Natal, amolece o coração e toda aquela concorrência e espírito de competição são por horas esquecidos para se cantar, num verdadeiro clima mágico de se dar as mãos, a música antiga do intérprete Silvio César : "Vamos dar as mãos, vamos dar as mãos, vamos lá, e vamos juntos cantar...". Faz parte também dessa contradição humana sair para a guerra, matar, destruir, pecar e pedir perdão aos sábados ou domingos. Seriam apenas lampejos de esperança em uma sociedade acostumada e conformada com uma luta diária, boa parte injusta, em que os mais fracos caem pelo chão pisoteados por outros sem freios na busca por objetivos comuns?

O espírito de competição em sala de aula não seria algo contraditório com a própria finalidade da educação? No caso, há o exemplo da luta diária para uma competição de um atleta a fim de superar segundos ou centímetros. Essa luta árdua na preparação não é necessariamente contra outros atletas, mas contra ele mesmo, se pensar bem. A luta, a superação e a própria competição são contra as próprias marcas daquele atleta, algo típico do esporte. E voltando à sala de aula com toda sorte de gente e formação, indaga-se: e quem seriam os melhores na eterna competição estimulada nas escolas? Seriam as melhores notas ou aqueles que conseguem escolher seus objetivos de vida, isto é, estarem direcionados na vida? Ou seriam aqueles capazes de formar boas relação de amizades? Onde estariam os frutos dessas disputas escolares depois de anos? E os melhores na arte de viver? O que restou das lições competitivas durante aquele "saudoso tempo"? E, por fim, como ser bom ou "o melhor" em tempos de negação e de banalização de valores humanos com parâmetros tão indefinidos?

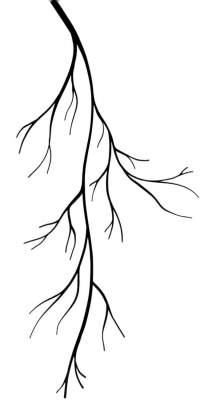

EXTRATO DA CONTA

E vem outro dilema: as escolhas para o futuro. Escolher ser diferente, contestar o mundo, ser o herói, ser o hilário, ou querer fugir dos padrões, tem um custo. Em tudo há um preço a ser cobrado imediatamente ou muito na frente. Arcar com o preço de agir ou se omitir no supermercado da vida, não há escapatória, e essa "conta" já tem até extrato de movimentação. É aquela típica situação: se a pessoa resolver ser má, vai arcar de alguma maneira com tal escolha, mas se resolver ser boa, arcará com outro tipo de preço. Ambos não precisam ser na mesma moeda, mas uma hora essa conta chega.

Um adolescente de quinze ou dezesseis anos se depara com o dever imperioso de escolher a profissão para o resto da vida, a princípio. Se bem que desde criança já perguntam qual vai ser sua profissão, praticamente um treino para essa escolha triunfal na adolescência. Justamente em uma das fases mais emblemáticas da vida, a adolescência, quando não deixam de pairar dúvidas na cabeça e ainda no meio do processo de autoafirmação, o adolescente tem de escolher a profissão. E lá está o preço da escolha.

É muito comum encontrar jovens não inseridos no sistema já pronto e definido pela sociedade, em que nada seduz, sobretudo no campo profissional. E olha que parte dos adolescentes, de uma forma ou de outra, já passou por testes de aptidão profissional ou vocacional. Confusão incrível a quem se depara com as muitas profissões ou carreiras para uma simples finalidade – encontrar o caminho para ser "alguém". Minha nossa, ser alguém, como se já não fosse! "Tu precisas ser alguém na vida, rapaz!", quase sem pressão, não é? Ou seria, em outras palavras, encontrar a profissão para se realizar e cumprir o que manda um cronograma preestabelecido por alguém? Pois bem, o que importa é saber refletir a partir das indagações pessoais e, querendo ou não, depois de escolher o destino, ficar exposto a julgamentos. Mais um preço.

O mundo disponibiliza o que tem de melhor e de pior, dependendo do ponto de vista. Um escolhe evoluir na carreira da medicina, outro prefere o caminho da licenciatura em geografia, outro prefere o caminho da engenharia civil, outro prefere o caminho das letras, outro prefere o caminho da matemática, e por aí vai. Mas quando acontece de o garoto resolver escolher o caminho da música, das artes ou da gastronomia? Há quase uma hecatombe familiar, dependendo do caso, evidentemente. No sistema de valores culturais tradicionais de uma sociedade estruturada para formar sempre a relação de dominador e dominado, com a formação de uma elite a partir de grupos que se alternam no poder há décadas e séculos, convencionou-se estabelecer, por razões históricas e culturais, as profissões a serem mais valorizadas para a felicidade ou não de quem as exerça. Umas inevitavelmente mais valorizadas que outras.

Algumas vezes esse choque de valores em que um diploma vale mais do que outros, a carga de preconceito aparece bem latente em diversas culturas. Não se pode afirmar ser isso algo exclusivo de países latinos ou subdesenvolvidos. No fundo, as escolhas dependem bastante da vocação, da disponibilidade de tempo para se dedicar aos estudos e, o principal, do objetivo de vida. É uma tríade, a princípio, salutar, isto é, vocação – dedicação – objetivo, mas necessariamente podem haver outras nuances e considerações para se definir as escolhas profissionais por se tratar de uma equação entre a individualidade e as disponibilidades do mercado.

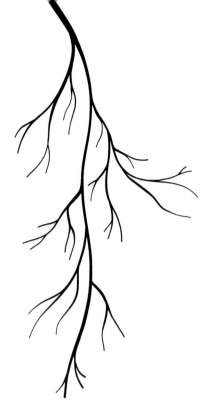

HORA DE SAIR

    E chega o momento de ter alta da UTI. É dia de sair daquela sala praticamente com a alegria de ter ultrapassado todo aquele processo pós--cirúrgico de recuperação para ir à segunda fase do tratamento hospitalar. Lá vamos de cadeira de rodas ao apartamento ou quarto como preferem alguns. Já existe toda uma logística pronta ao meu acolhimento naquele novo "lar temporário", o terceiro momento para ser exato. Algumas enfermeiras sorriem e se despedem com desejos de uma rápida recuperação e muita saúde. Muita força e pensamentos positivos daquelas pessoas que só tenho a agradecer. Meu sentimento de agradecimento é enorme e minha alegria imensa. Cumprimentos e mais cumprimentos e lá vamos nós dirigidos na cadeira de rodas por outra enfermeira ao novo destino. Chego no quarto e, por recomendação médica, devo caminhar. Inicialmente com bastante moderação e calma. Minha cabeça diz estar bem, apesar do incômodo no peito, as dores ainda estão concentradas naquela região, mas não são insuportáveis. Consigo me levantar da cadeira e a tontura aparece, vejo o mundo girar depois de três dias deitado na UTI. Uma espécie de vertigem. O sangue fluía na horizontal e de repente fico na vertical, não tem jeito, tudo gira. O quarto parece se mexer, esfrego os dedos nos olhos e tudo parece instável. Com essa sensação somente me resta sentar na cama. Fico tranquilo e feliz. Começo a sorrir e ao mesmo tempo uma estranha sensação de choro de alegria toma conta de mim. Penso na vida e de ser merecedor de mais uma chance. Tenho a nítida impressão de ter pulado uma fogueira. Só faltava uma boa música do primeiro disco do Van Halen para dar aquela emoção.

A vontade de agradecer todo mundo, a saudade de minha esposa e sedento por notícias de minha filha causam fortes emoções no literal coração mexido. Só consigo extravasar naquela hora com lágrimas de ter passado com vida por tudo aquilo. Soube depois que a prova de fogo dessa cirurgia são dois estágios: o momento da cirurgia e as quarenta e oito horas posteriores à cirurgia. Em ambos, o risco de um infarto fulminante e o risco de morte são grandes segundo as estatísticas. O mais importante é estar ali, ao lado de pessoas maravilhosas da família que se revezavam nas visitas e me faziam feliz. Iniciava uma fase de testes físicos e fisioterapêuticos na recuperação.

Já estava no apartamento e um novo teto me aguardava naquele ambiente. Não queria nem olhar para cima. O médico pediu para evitar muitas visitas por causa do risco de contaminação de vírus e infecções. Pediu para eu começar a andar imediatamente. Comecei, fiz isso aos poucos, gradualmente. Cheguei no dia seguinte andando na capela do hospital. Rezei e agradeci, só isso. Sentia que meu corpo correspondia bem aos remédios e à evolução positiva da cicatrização dos cortes no peito e na perna. Passei bons momentos na capela da Beneficente Portuguesa de Belém. A imagem cativante do Coração de Jesus me fazia refletir a necessidade de mudar, desde meu estilo de vida até meu comportamento mais rebelde. Se antes via o circo pegar fogo e fazia tsc, tsc, tsc, agora mesmo vou começar a rir de tudo, da obviedade do comportamento humano, seja ele infantil ou não, independentemente da idade. Entendi, em minhas meditações na capela, se houve merecimento e vontade de Deus para eu estar ali, "vivinho da silva", era porque minha missão estava apenas começando. Será? A atividade de professor, de músico de rock, de advogado e de astrólogo me deram experiência durante a vida para poder repassar às pessoas algumas experiências de vida, sem querer ser pretensioso, mas já sendo, como diria o Jô Soares.

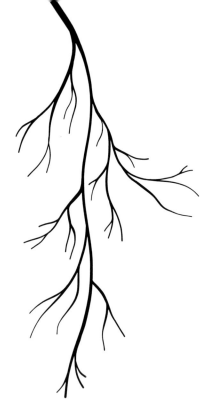

BIOLOGIA E SINCRONIA

O corpo humano é um sistema biológico muito bem estruturado e funciona conforme se alimenta em vários sentidos. A mesma situação se dá nas engrenagens de uma máquina, de um trator, de um automóvel ou até mesmo de uma fábrica. Pode também se dizer dessa forma, a engrenagem de uma cidade, de um órgão estatal e, inclusive, dos seres vivos. E respeitar os seres vivos não somente por terem o direito à vida, mas por fazerem parte da vida do homem dentro de um enorme sistema e complexo ciclo de vida, é fundamental. Cada ser vivo tem uma importância no ecossistema e na condução da vida do planeta como uma engrenagem incrível. A grande configuração chamada Terra já é motivo para manter todos diante da sintonia de se viver sob um organismo inserido em um sistema de uma galáxia pertencente a outra e mais outras infindáveis. Nosso sistema muito bem organizado, em relação direta com outros sistemas pelo Espaço, talvez maiores e mais evoluídos que o nosso planeta, mesmo com comprovações parciais por indícios e fatos, faz da vida não apenas um detalhe, um sopro como teimam em dizer, mas algo necessário para a sobrevivência dos seres vivos e o equilíbrio de todos esses sistemas interligados de forma universal. É mais ou menos a relação de átomos, moléculas, células, massa e muito mais de um ser vivo em relação a outros sistemas no Universo. Pode até parecer uma insanidade se pensar assim, mas há uma lógica nítida nisso tudo, basta observar essa sincronia.

As leis da física, da matemática, da astronomia engatinham para conseguir informações a fim de explicar verdades científicas, inclusive, a origem de tudo, a tal pedra fundamental da Terra e, quem sabe, até do Universo. Noutra proporção, os mecanismos de sobrevivência das células, de milhares de células no corpo humano, dão indícios da representação de algo maior e universal em uma espécie de ligação entre células, satélites naturais, asteroides, planetas, galáxias e muito mais. Não se deve subestimar a vida de ninguém, nem a própria. Para tudo há uma importância na existência desse sistema biológico, físico, matemático e complexo, que tem uma sincronicidade na sua sobrevivência óbvia de se perceber entre seres vivos, objetos inanimados e do movimento matemático de nossa galáxia. Agir, portanto, com respeito aos seres vivos do planeta, deveria ser muito considerado pelos seres humanos. Tudo faz parte de uma grande teia arquitetada para continuar o principal objetivo dos homens – lutar pela sobrevivência no planeta. Pelo menos enquanto podem e forem merecedores.

Ligo, então, a TV e as notícias são trágicas: mortes e assassinatos, crimes de toda ordem, corrupção, derrotas, crise econômica. Não tenho alternativa, a não ser desligar e fugir dos círculos cruéis lá de fora. Já não consigo estar naquela sintonia e não desejo ficar exposto a vibrações negativas por mais reais e cruéis que sejam. Tudo bem, é importante saber o que ocorre nas mídias, mas o excesso pode ser ruim, sobretudo naquela situação. Não queria ver nada daquilo naquele momento. A repetição de informações sobre algo pode se tornar normal e, no caso, isso pode ser o canal mental para se desvirtuar a verdade de fato e fugir da própria vida, em uma espécie de contradição entre vida e morte, verdades e mentiras, erros e acertos.

Precisava, assim, manter o equilíbrio entre corpo e mente para poder sarar e me recuperar com singularidade. Com meus conhecimentos astrológicos, já havia conseguido ser operado com a Lua Minguante, Lua bem eficaz na recuperação de cirurgias e para a cura de enfermidades. Não deu outra, a cicatrização estava excelente e gradualmente recuperava a força nas pernas, a capacidade de respiração com a fisioterapia pulmonar, o equilíbrio natural das funções do corpo. Via o tempo passar e me sentia bem. Com isso, fui orientado a me alimentar para obter energia a fim de combater possíveis infecções e mesmo sem apetite, comia para conseguir a recuperação do corpo. Estava com uma dieta muito bem elaborada pela nutricionista do hospital. Carnes brancas, sopa de legumes, massa integral, saladas, nutrientes bem diferentes antes da cirurgia. Até quando iria resistir?

Com as visitas de parentes, testava minha resistência. No início ficava cansado com o simples ato de falar e de ouvir. Depois isso foi gradualmente amenizando, mas precisava testar a resistência dia após dia. Algumas enfermeiras da UTI foram me visitar e nem entendo a razão de elas me verem e começarem a rir. Seriam as piadas que contei por lá?

A primeira noite no quarto, confesso a dificuldade em dormir com o peito para cima. E assim seria por mais quatro meses por determinação médica. Sempre apreciei dormir de lado com um travesseiro entre as pernas para alinhar a coluna e facilitar a respiração em dias mais intensos. Sentia falta de estar malhando diariamente, um facilitador de boas noites de sono. Não queria tomar remédio para relaxar e dormir, nunca precisei disso, mas precisava vencer aquela situação incômoda. Consegui cochilar em momentos alternados durante a madrugada. Sentava na poltrona ao lado da cama. Andava um pouco, mas dormir estava difícil. Sabia da importância de boa noite de sono para compensar o corpo. Via o dia clarear, e como sempre faço, agradecia a Deus. Iniciava meus rituais com Ele aos primeiros raios do sol. É um momento mágico esse de ver o sol raiar de forma esplendorosa e estar sintonizado, sem pressa e sem compromissos, com Deus.

Sem poder mexer o braço como gostaria por causa das limitações ocasionadas pela cirurgia, escovava os dentes e me encarava no espelho com a cara amassada e pernoitada. Já percebia as primeiras transformações no rosto. Estava mudando e a idade demonstrava os sinais do tempo. Essa encarada matinal é o primeiro momento de boa parte dos terráqueos com a oportunidade de se perguntar: o que fizeste e o que vais fazer hoje? Olhar para os olhos e começar logo com uma pergunta dessas não é fácil. É outra maneira de se ver, de se olhar por dentro. É muito fácil as pessoas não terem tempo para responder a questionamentos sobre elas mesmas. Não admitem errar, falhar e estarem sujeitas a avaliações dos outros, imagina em uma conversa mental sobre si ao se encararem? Inicia, muitas vezes, um processo de boicote, de cegueira automática no cérebro, de não querer saber de nada. É um autoboicote proporcionado, em parte, nos dias atuais, pelo símbolo mais incrível da pós-modernidade – a dispersão. Em um processo contínuo de estar longe de si devido à valorização das coisas do mundo.

Essa dispersão, ressalta-se, vem acompanhada de muita informação disponível. Nunca se viu tanta informação correta e incorreta sobre tudo disponível em vários canais. Não é fácil viver em tempos do excesso de informação pela mídia e isso envolve a comunicação do homem com toda sorte de tecnologia. Como pensar e refletir sobre si com todo esse mundo virtual à disposição chamando pela pessoa? Fugir seria a solução? E as fugas são várias e não aparecem somente de manhã cedo, mas durante o dia inteiro, principalmente nos finais de semana quando as demandas de propostas de entretenimento não permitem parar um só minuto. E além disso existem os afazeres obrigatórios.

Agitar e se movimentar passa a ser a regra. Ir a festas, baladas, concertos, encontros estão na longa lista de atividades nesses tempos. E quando começar a fraquejar nada melhor do que uma bebida para manter o padrão estabelecido com o tema do momento: "É melhor esquecer os problemas para ser feliz", "Deixar tudo de lado e cair na esbórnia". A aceitação dos comportamentos, dos resquícios da personalidade no interior de cada pessoa faz parte de uma jornada que inicia em identificar quem é quem no reino da felicidade material e da felicidade espiritual, pelo menos em regra. Atingir o ponto de equilíbrio entre esses dois mundos não é tão difícil como pode parecer, mas necessita de esforço para se encontrar com o eu interior, em uma espécie de se ver por dentro, numa literal interiorização individual para evitar se enganar com boicotes de si mesmo. Enganar quem, não é?

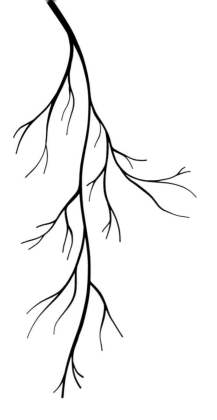

ESPELHO MEU...

    Os espelhos não mentem. Os olhos não mentem, apenas se movimentam quando querem dizer algo. Os semblantes representam muito da natureza humana. Mas o que dizer em tempos contemporâneos, ou como alguns preferem, tempos pós-modernos, em que a felicidade deixa de estar no centro/interior do homem e passa para o mundo externo, sobretudo em objetos do consumo e do desejo? Consumir, comprar e curtir as sensações passam a ter um significado mais plausível e objetivo na vida do homem, pois ali a materialização da alegria traz sensações imediatas, mesmo que as respostas quanto ao futuro continuem distantes e, talvez, inalcançáveis. Pensar no futuro com esse quadro pragmático de alienação de valores realmente fica muito difícil, e justifica-se em diversas situações cotidianas, dentre elas a moral do momento, o agora, o *carpe diem*.

    Entre dias e noites, chuvas e trovoadas, o tempo voa. Há pessoas que entram em desespero quando percebem os primeiros traços do tempo na pele. Rugas na face, no pescoço e nas mãos, bem como a acentuação das marcas de expressão. É a vida natural e a química da pele vitimando quem estiver pela frente. O problema não está em aceitar a verdade da idade, mas sim em desejar ser algo que não é. Essa dificuldade se dá em grande parte como um dos maiores problemas na eterna luta do homem, sobretudo hoje com a imposição dos padrões de beleza – a fonte da juventude. Encontrar esse elixir é a peregrinação em consultórios de estética, médicos-cirurgiões plásticos e dermatologistas, consultoras esteticistas, salões de beleza e tudo que vem a reboque. Os meios midiáticos estabelecem o padrão de beleza, incluindo até a cor da pele, as formas do corpo ideal, o estilo de roupa a ser escolhido e o tipo de lábios, de unha, de sobrancelha, de cor dos olhos. É uma verdadeira imposição do todo, numa espécie de interação da parte pelo todo, na lógica da metonímia.

A mídia estabelece o padrão de beleza a ser seguido de forma geral. Ela disponibiliza todos os meios para conseguir chegar àquele padrão. A pessoa no outro lado da tela da TV se olha no espelho, compara-se e conclui: "Não sou bem assim como a mídia disse para ser". Logo aquela pessoa não está inserida no meio do grande jogo da aceitação. Bem, se ela não é daquele jeito estabelecido pela mídia, então ela é feia? A princípio, poderia ser se seguir essa lógica cruel, porém há algo mais, até mesmo porque o meio disponibiliza um mundo de recursos para aquela pessoa ser aceita no grande jogo. Ela precisará passar por toda sorte de tratamento, porém necessitará de algo precioso em tempos contemporâneos – dinheiro. Esses tratamentos movimentam cifras milionárias, talvez trilhões pela busca da beleza perfeita. Se ela tiver dinheiro, poderá encurtar o caminho da tal aceitação pessoal e social.

De fato, os números da idade chegam e não perguntam nada. Já chegam batendo na porta, rigorosamente arrombando-a. Esconder a idade, dependendo de quem, indicam alguns significados reveladores. Não querer dizer a idade é apenas um detalhe de aceitar ou não a reveladora presença do tempo e, no melhor de tudo, a experiência de vida. As mudanças de comportamento, a quebra dos preconceitos, a derrubada das barreiras internas são sinais desse debate interior entre o que se deseja dar importância e o que se quer em relação à vida. A aceitação pessoal sobre o que é e o que representa para o meio em que se vive pode responder a diversas indagações, ou pelo menos indicar aonde se quer chegar. A decisão de qual caminho seguir para esse entendimento depende de cada um.

E diante dos espelhos, no entanto, da realidade nua e crua, não há enganos com a imagem real, aquela conhecida por cada um. As marcas do tempo estão ali. Podem existir plásticas e mais artifícios da tecnologia da beleza e da dermatologia, no fundo cada um sabe os rigores das marcas do tempo e das experiências da vida estampadas na pele. Nada é tão real, e para alguns cruel, quando se tem o dever da aceitação da vida e da idade. A juventude é valorizada pela sociedade por uma contundente mídia transformadora do "novo". Esse "novo" ganha dimensões e status de celebridade, principalmente depois da Segunda Guerra Mundial, em que a lógica da industrialização de massa passou a ter outros contornos ao utilizar o marketing e valorizar o novo produto, a novidade, e forçar a barra para o abandono do produto velho, obsoleto, fora de moda. Tudo bem, essa lógica do novo sobre o velho é antiga, de bem antes do *welfare state*.

Com a popularização da TV, nas suas primeiras décadas de existência, as propagandas, ao vivo e em preto e branco, apresentavam, por exemplo, o velho ferro de passar como algo arcaico, pesado e prejudicial a quem o utilizava. Realmente era assim mesmo. Já o novo ferro de passar, mais leve, prático, anatômico, com aparência moderna (quase espacial), sugere uma ideia de modernidade. Ora, até certo ponto isso não deixa de ser verdade e de ter um sentido prático e dinâmico na vida de quem cuida da casa. Essa comparação, evidentemente, vende o produto a partir de um argumento lógico e pertencente ao dinamismo da transformação gradual da sociedade no cotidiano. E assim vários produtos são vendidos, distribuídos, comercializados e até hoje a lógica comparativa entre a nova tecnologia e as velhas continuam a ditar as regras do jogo. Escolher entre uma ou outra oferta do mercado é ficar dentro ou não desse velho jogo. Mas quem ganha com isso, o consumidor, o produtor ou o vendedor?

Dessa forma, a moda, o vestuário, os tecidos, as cores, os cortes de cabelo, a barriga, o simples andar, a diversão, o padrão de beleza, todos são estabelecidos a partir de fórmulas prontas expostas de maneira clara pela mídia, incluindo o cinema e as propagandas em diversos meios. "O exemplo é este, é assim que se faz, tem de usar assim e pronto". Nesse campo não há contestações, mas boa parte ou, pelo menos, a maioria das pessoas silenciosamente resignadas inserida no vasto campo das ovelhas, ou como alguns preferem, zumbis, mortos-vivos, ao consumirem produtos sem qualquer consciência, cumprem "deveres" apenas para a satisfação momentânea de preenchimento do vazio interior em milhares de corações. Um vazio existencial que deflagra muitas outras situações na mente de homens e mulheres no jogo de verdades e mentiras, de quereres e de poderes, na ânsia de realizarem seus papéis sociais para uma aceitação com o fim de sobreviverem entre interesses e necessidades.

É uma engrenagem mundial tão lógica e óbvia, que objetos da cultura local deixam de ser marginalizados a fim de se tornarem produtos para a comercialização em larga escala pela indústria da moda e da beleza. Inclusive essa condição é fundamental para um produto cultural ter importância no contexto da globalização. Tudo pode se transformar em produto se a capacidade de gerar interesse na população e, por conseguinte, possibilitar lucro, estiver a reboque daquele objeto escolhido pela indústria.

A tradicional festa do Círio de Nazaré em Belém, por exemplo, uma das maiores procissões religiosas do mundo, em que mais de um milhão de pessoas vão às ruas acompanhar a imagem de Nossa Senhora de Nazaré inserida em uma bela berlinda, tem nas comidas das festividades o famoso pato no tucupi. Uma empresa de alimentos, bastante tradicional no mercado nacional brasileiro, fez forte propaganda pela mídia para estimular a venda do peru natalino durante aquela festividade tradicional na capital do Pará. Mostrou que o peru era muito nutritivo e que poderia perfeitamente integrar a mesa dos paraenses no período das festas do Círio, inclusive, tal festa em outubro é considerada, em parte, uma confraternização comparada ao Natal. Mas aquela propaganda, mesmo com toda a construção de raciocínio lógico com cores, música e falas, foi vencida pela tradição. A maioria ainda prefere o pato com tucupi tradicional. A tradição de se fazer em casa o pato no tucupi tem um efeito simbólico na manutenção da cultura do povo paraense. Negar o pato e trocar pelo peru soou distorcido diante da cultura centenária do povo.

Lembrava, com esse fato, as aulas quando falava aos alunos sobre a assimilação comercial de objetos da cultura local e do processo gradual e sistemático de desenraizamento cultural de um povo. Exemplificava, há alguns anos, em tons de brincadeira, a possibilidade de a tradicional maniçoba ser um dia vendida em lata nos supermercados. Isso virou realidade, hoje já é industrializada e vendida nas prateleiras de várias redes de supermercado. Só para se ter uma ideia da tradicional maneira de se fazer maniçoba, ela deve ser fervida e cozida, no caso, as folhas moídas da mandioca, durante sete dias e sete noites para quebrar a acidez e deixar de ser um parcial veneno para se transformar em uma das comidas mais tradicionais e deliciosas da culinária paraense. A forma de fazer a maniçoba é uma tradição familiar dos paraenses que obedece um quase ritual simbólico dentro de casa com a fervura, cozimento e mistura dos ingredientes, além do inebriante cheiro na cozinha e na casa.

O problema, no entanto, não é a exploração da maniçoba, do açaí, do tucupi, das castanhas, das ervas, dos cheiros, das sementes, mas a sanha voraz do lucro pelo lucro que passa por cima de tudo, gasta, esmaga e depois fica o imenso buraco na terra para os nativos tamparem e ficarem com as migalhas do que restou. Do outro lado da moeda, ficam os risos de satisfação, jocosos ou não, com um bom negócio empreendedor realizado em que "todos" ganham, pelo menos o discurso é esse, incluindo a "sustentabilidade" do planeta.

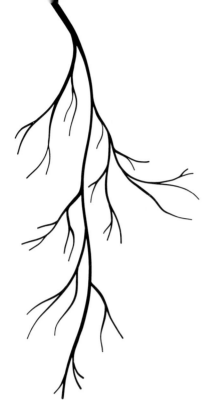

E OS ANJOS DIZEM AMÉM

Esse assunto maniçoba aguça os desejos, o instinto e a fome. Tenho de tirar isso da cabeça. E os remédios continuam a serem administrados e ainda não consigo uma posição para descansar com conforto. Agora novas dores devido à posição de peito para cima na cama começam a surgir. Dessa vez nas costas. Preciso manter a calma, pois há um prenúncio diferente para minha vida a partir de agora. Não posso me queixar em hipótese alguma porque estou no lucro, sei muito bem disso. Preciso de sabedoria, calma e inteligência para conseguir manter a ordem do pensamento. Não há como se desfazer de tudo num passe de mágica, da noite para o dia. É hora de aceitar e ir equilibrando, preciso dessa consciência e me digo isso mentalmente a todo instante. O teto do quarto é novo e bem pintado. Uma nova paisagem acima. Só me faltava isso...

Lembrei dos dias de UTI. Um senhor também internado naquela ala falava em voz alta para a enfermeira, durante a madrugada, de que havia um anjo atrás dela. A enfermeira começou a rir desconfiada, quase sem graça, e pareceu não acreditar na tal visão daquele paciente. Fiquei só observando a cena insólita e recordei novamente de alguém que pegou em minha testa, após em meu pulso, naqueles dias, e desapareceu como por encanto, como já disse antes. Lembrei do relógio de pulso prata e antigo e da temperatura daquela mão que praticamente me acalmou e estabilizou meus pensamentos naquele dia. Em poucos segundos procurei ver quem era e nada. O paciente se referiu à aparição de alguém atrás da enfermeira como um anjo. Seria um anjo mesmo? E os anjos existem? Sei que há anjos da guarda, cada um tem o seu. Então por que eles aparecem para uns e para outros não? Essa resposta não sei, quem sou eu para tentar explicar isso, mas para mim os anjos também são de carne e osso. Eles estão em vários lugares. Eles podem ser qualquer um de nós. Às vezes, ao nos depararmos com dificuldades em algum lugar, aparece uma pessoa disposta a ajudar e nos dá verdadeira luz para resolver o que desejamos. Outras vezes uma pessoa na rua nos indica um endereço ou nos livra de algo mais pesado. E em acidentes ou grandes incêndios em que há a comoção de pessoas para ajudar os necessitados? Essas pessoas podem nem ser anjos de candura, mas têm um papel de anjos quando exercitam uma das palavras mais bonitas do dicionário da vida – a solidariedade. Elas iluminam, irradiam boa vontade, são prestativas. Elas trazem luz aos caminhos, pois o coração fala mais alto. E quantos anjos neste exato momento estão ajudando outros a se transformarem e melhorarem?

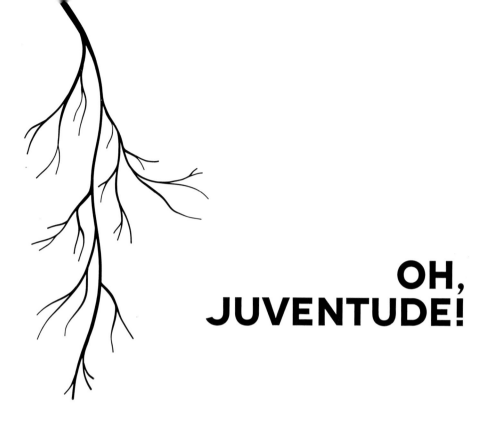

OH, JUVENTUDE!

    E olhando para o novo teto, agora com acompanhamento de familiares e das auxiliares de enfermagem, que a todo momento entram e saem do recinto para medir pressão, ministrar remédios, medir glicemia, lembro novamente de meus alunos. Como é admirável essa juventude e quantos dilemas e virtudes há pela frente: o talento, a dispersão, o mundo das informações, a autoafirmação, a superexposição pelas redes sociais, a necessidade desmedida de se tornarem populares em vídeos, a energia, as fotos, os textos, as realizações. E se fosse somente com os jovens que isso acontecesse, mas adultos também entram nessa estatística, sobretudo do "aparecer" nas redes.

    A enfermeira, na minha frente, fala da filha, dos gostos da garota pré-adolescente, das vontades, da loucura que é a vida com os avanços da tecnologia digital e virtual. "Estar nas nuvens" há algumas décadas era estar pensando em tudo, em sonhos de um mundo perfeito, nas paixões, na utopia, na construção de uma sociedade mais justa, numa tal libertação das amarras. A realidade atual, além das nuvens serem outras – as virtuais – representa o nítido retrato da mudança de cultura, por exemplo, na maneira de pensar de um jovem japonês, americano, francês, espanhol, sul-africano, argentino, chileno ou mexicano, por quase todos os países de jovens com acesso aos produtos da cultura mundial, principalmente daquela proveniente das redes. Essa juventude, digamos, essa gente toda se insere em uma espécie de padronização de comportamento com uma importante ferramenta de divulgação e de popularidade – a internet. Até certo ponto essas redes virtuais possuem um circunspecto de anarquia planejada revestida de democrática, porém com regras nítidas de controle, remunerado ou não, ao permitir acessos, exposições e informações. Alguém ganha com esse jogo bem tramado em algum lugar do planeta.

A padronização de comportamento estabelecida, não somente pelas vias virtuais da grande rede mundial, é capaz de transformar vidas a partir de discursos, incentivos e exemplos em que mudanças geracionais de eternos conflitos entre o velho e o novo, do arcaico e do contemporâneo tornam-se o mote para inserir diversos tipos de vieses. O principal não seria comprar a roupa da moda, usar a blusa *styling*, aplicar a tecnologia A ou B, gesticular os símbolos do momento, mas a sistemática aceitação do ato de pensar a partir da manipulação de desejos da mente humana. Isso é fato, o ato de pensar passa a se transformar coletivamente. Com isso, fica fácil verificar certa padronização de comportamento do jovem em relação às paixões, aos amores, na relação familiar, na relação com o álcool, na relação com amigos, na relação com professores, na relação com instituições, na relação com a própria sexualidade. É quase um efeito dominó esse padrão de comportamento em diversos países, pouco importando a cultura e a história. Tudo inserido em um estágio, por excesso talvez, da mera repetição da "normal" transformação da realidade. Não é o caso de se julgar ou acionar o "botão" da moralidade e dos bons costumes comparando os comportamentos da juventude, mas de atestar fatos refletidos pelas redes virtuais em constante mudança em diversos tipos de cultura com a juventude sentindo e agindo de forma semelhante. Alguém pode até pensar não serem os jovens que mudaram, todavia as informações e os acessos à tecnologia dão o tom dessa política de transformação e de encontro de valores em um planeta cada vez menor.

Ora, naturalmente os valores mudam, causam inevitáveis consequências na sociedade, basta atestar a história da evolução das sociedades. De geração para geração, de fato, são compreensíveis tais mudanças, necessárias para acompanhar a evolução e a transformação da espécie. As correntes filosóficas, literárias, políticas se sucedem e se sobrepõem durante os tempos, isso se dá também com novos arranjos artísticos, com ideias e formas de pensar a partir de paradigmas diferentes. E hoje quais são os referenciais, não somente da juventude, mas de todos? Disse referenciais no plural, podem ser vários e, algumas vezes, confusos e antagônicos para quem precisa de um norte. Um drama da atualidade pós-moderna em que os sentidos ficam à mercê da imprecisão do efêmero.

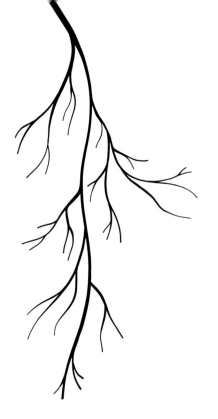

CRUSHES

    Um casal de jovens adolescentes iniciou, depois de alguns *"crushes"* e algumas ficadas, o namoro. A coisa ficou séria então. Foram para uma rede social de relacionamento e no status pessoal colocaram com todas as letras "namorando". Em outras palavras, "Não venham com graça para cá que estou comprometido(a) e não aceito mais ninguém a partir de agora". Só faltou lavrar um termo em cartório, tanta a certeza daquele enlace. Os motivos são os mais diversos para escrever nas redes e se expor daquela maneira. Bem, o casal após uma semana de "relacionamento sério", expõe na rede aquele amor indefectível, digno de filme de Hollywood dos anos 50, com a frase: "Você é a razão do meu viver, o amor da minha vida!". Em sete dias, a paixão se transformou em literal amor. Um amor tão grande capaz de se expor nas redes de forma intensa ao refletir os sentimentos do coração naquele momento de grande felicidade. É lindo, não é? Fantástico ser romântico. Tudo bem, mais uma vez é o momento quem dá os parâmetros para agir daquela forma. E quatro dias após aquele *post* de amor invencível, inesperadamente o casal se separa. Não conseguiram, a princípio, superar uma discussão e provavelmente devem ter concluído que a separação seria o melhor a fazer, por que não? Mas aonde foi o amor tão lindo e maravilhoso da primeira semana?

O universo da mente, dos sentimentos, das emoções no meio da intensidade de informação e disponibilidade de tecnologias pende muitas vezes para um lado da balança. É preciso, no entanto, redimensionar e viver os relacionamentos para aprender não somente a lidar com o outro, mas a lidar consigo e entender os limites necessários entre ambos e perceber os limites entre a individualidade e o nós. Mas esse casal do exemplo acima, será que pensou na relação ideal, no caso, do amor pelo amor, do amor infinito, do saber falar e do saber ouvir, em que tudo, a princípio, é tão perfeito no amor que não haveria espaço sequer para discordar? E os limites necessários para compreender as razões da emoção a fim de dar o famoso tempo ao tempo para deixar fluir a relação? Será compreensível a pressa para demonstrar felicidade, em querer dar o exemplo de alegria, em querer aparecer à galera e aos grupos de "amigos"? Esse modelo de atitude em querer se expor de qualquer maneira tem como referencial também a rede virtual mundial. Mas e o amadurecimento da relação?

É preciso tempo para pensar, refletir e aprender a arte da paciência que depende de muitos fatores. E os limites necessários para compreender as razões da emoção a fim de dar um tempo para deixar fluir a relação? Amar se aprende amando, igualmente ao ato de escrever se aprende escrevendo. Inserido nesse processo, é necessário lidar com a experiência para despertar para a sabedoria, esteja no estágio em que estiver, em uma forma de aprendizado constante.

Durante a vida, a pessoa é lapidada dia após dia, perceba esses fatos-exemplos: pensar antes de falar, pensar para escrever, pensar para ler, aprender a ouvir, pensar e analisar. Tais ações são transformadoras no cotidiano e podem ajudar na compreensão da dimensão do outro. Se pensar bem, esse aprendizado requer humildade, simplesmente um ato de respeito e de paciência tão necessários para compreender os sinais das linguagens que vêm de diversas origens e formas em ações, em palavras, nos gestos das pessoas. É difícil? Sim, saber fazer essa leitura das linguagens requer tempo, mas nunca é tarde para aprender, pois como disse um dia o nobre músico Paulinho da Viola na música "Coisas do mundo minha nega": "As coisas estão no mundo só que eu preciso aprender".

Postar um texto na rede do mundo virtual necessita de reflexão e percepção para entender as duas vias da obra entre autor e leitor, isto é, o vai e vem da intenção do autor até a leitura e interpretação dos leitores: "Você é o amor da minha vida", estampado num site de relacionamento, é profundo. É um texto de triagem entre o amor de uma vida e a impossibilidade de existência de outro possível amor (será?). Na literatura mundial, romanticamente essa frase já foi bastante dita em histórias de amor. Mas até aonde vai um amor? Quando começa um amor? O amor é eterno? Quantos já se precipitaram ao exporem tais palavras e ultrapassaram, voluntariamente ou involuntariamente, os estágios naturais do tempo e da experiência de viver um relacionamento? Não é preciso ser jovem para se precipitar quando se está apaixonado. O *carpe diem* deseja a intensidade do momento, do agora, do é para já. É uma espécie de tudo ao mesmo tempo agora, pois o futuro parece estar muito distante e incerto, e o presente acaba sendo uma verdadeira mordaça travestida em prisão de segundos, minutos, horas, dias. Falar de meses e anos é muito demorado para quem precisa viver o presente. O tempo se transformou em eternidade. O imediatismo já fez muita gente se casar e se separar antes do tempo necessário para chegar a conclusões sobre os pontos comuns e diferentes entre eles. "Vamos casar logo, pois se tiver de se separar a gente se separa, não é?", esta frase, quase trágica sob um ponto de vista moral, revela o pensamento de boa parte das pessoas, jovens ou adultos. No caldeirão do "viva hoje como se não houvesse amanhã", dançar ao som da letra do forró da banda Calcinha Preta, "Você não vale nada, mas eu gosto de você", é apenas um detalhe no amplo jogo da sedução e na consequente base do "Lavô tá novo", outra letra de música, dessa vez da banda Raimundos. E ao final o que importa mesmo é a foto da alegria momentânea, eternizada pela internet, na história de vida de duas pessoas para poderem dizer num futuro talvez nem tão distante: "Eu já fui casado(a)" e de alguma forma, aparecer na rede.

De volta ao leito. Não consigo compreender como tantas ideias vêm à mente, reflexões diversas sobre a vida, muitos questionamentos, inclusive recebendo soro na veia e deitado. Tenho até receio de isso se refletir em minha recuperação. A mente não para de funcionar em diversas frentes. A impressão é de ter entrado em uma cápsula do tempo em que presente, passado e futuro ficam no mesmo patamar, embolados numa caldeira quente prestes a explodir. Parar e me deparar com os tetos parece ter sido providencial, pois a primeira conclusão é ter de mudar, porque desse jeito desde a UTI não há como lutar de forma diferente, apenas pensar de forma positiva para se tentar mudar de vida. Terei de mudar muita coisa, isso é certeza. A primeira delas é a alimentação. Reaprender a me alimentar e ensinar meu corpo um novo código. Isso de certa maneira já começou no hospital.

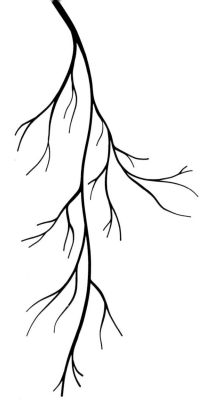

MUDAR, MAS COMO?

É possível mudar. Sei dessa possibilidade, conheço várias histórias incríveis sobre mudanças de vida. A esperança é um fator determinante àquelas pessoas desejosas pela vida. A vida pode ser compreendida sob outro prisma, entretanto, entender a realidade a partir do que se tem pela frente, do que se vê, pode causar frustração ou sentimento de pouca esperança, sobretudo quando se liga a televisão ou simplesmente se folheia as páginas de um jornal. "Fazer o que, deixar para lá?", jamais. Os questionamentos servem para iniciar as reflexões e estimular: e quando é tempo para mudar? Um adulto tem como mudar padrões de uma vida inteira? É difícil responder por todos, porque cada um tem lá suas respostas, sejam quais forem, certas ou não, mas pela própria experiência, evolução e lógica, nunca é tarde para se tornar melhor. Os caminhos para se tornar melhor são individuais e variados, e dependem de cada pessoa, isto é, de suas escolhas.

Quantas vezes será preciso passar por experiências difíceis para colocar na cabeça a intenção de mudar? Então quer dizer que sempre a pessoa deve ou tem de passar por uma situação traumática, até de quase morte, para poder mudar? Claro que não. Pensar assim chega a ser um absurdo. Querer mudar passa por um processo individual de tempo, decisão e ação. Não há dia certo, apenas estágios a partir dos sinais para querer crescer e evoluir. Um atleta, no caso, precisa focar nos treinos para poder se vencer e superar suas marcas. Um músico precisa estar focado para evoluir na arte de tocar, considerando técnica e sensibilidade musical. Em tudo na vida é preciso foco. A questão é como iniciar esse processo. O primeiro estágio é estar consciente de seu papel, de seus limites para se ter uma dimensão do futuro, ou seja, de possíveis resultados a serem alcançados. "Vou conseguir e sei que posso!". Essa frase já é um bom começo, mas logo vem o primeiro abismo entre a frase e o literal começar, noutras palavras, partir para cima, iniciar os trabalhos. É preciso arrancar da cabeça o imediatismo, o desejo de resultados para ontem, pensamentos de super-homem de nunca falhar. É um processo constante de autoconvencimento e de amadurecimento em que a própria linguagem na mente pode ter um papel decisivo.

Mudar a vida é literalmente querer se transformar em uma pessoa melhor, é uma escolha, é uma opção. As pessoas carregam experiências e trazem uma herança genética refletida de forma diversa em comportamentos e atitudes. Isso fica bem claro durante a vida. O ensinamento maior é estar ciente dos caminhos para acertar ou para errar. Nas encruzilhadas da vida, perceber e distinguir entre ambos pode custar muita energia e superações. Pode ser também a possibilidade de crescimento em um processo de amadurecimento para construir felicidade. E ainda há aqueles discursos em que mostram a vida como complicada demais para ser vivida. A vida não é complicada, as pessoas complicam a vida. Descomplicar já é ser positivo, pelo menos em parte, pois já é um facilitador. Deixar fluir, por que não? Ajudar, por que não? Inverter o ditado "Se eu posso complicar, por que vou ajudar?" para "Se eu posso ajudar, por que vou complicar?".

É praticamente uma questão de maturidade lidar com descomplicadores. Chega a ser biológico e também depende muito da predisposição para aprender a facilitar situações difíceis durante o cotidiano. Encontrar facilitações, por sinal, é um exercício interessante de inteligência. A maioria das pessoas tem vocação para resolver problemas, inclusive alguns teóricos afirmam que a resolução de problemas está atrelada à inteligência. Não querer problemas é um direito da pessoa, mas, às vezes, eles aparecem e nos obrigam a tomar atitudes. E é justamente nesse momento que surge outro detalhe: há pessoas que farão questão de aumentar o problema e outras que farão questão de resolvê-lo. Inevitavelmente a maneira de enfrentar cada situação, e também os aspectos emocionais até o nível de satisfação com a própria vida, interferirão de forma considerável nesse processo de adquirir consciência. Encontrar soluções para equacionar dificuldades é um exercício significativo.

Quando se lê um livro e o leitor se depara com uma informação nova a partir de uma reflexão, pode ser significativo para ele. A interpretação e a assimilação da informação exercem, até certo ponto, um novo significado na mente do leitor. A informação será processada para responder, com indagações ou ações, a fim de se aplicar em situações reais, independentemente de poder ou não corresponder a uma verdade. É um processo de autoconvencimento a partir dos recursos da cultura individual ao direcionar o entendimento aos seus interesses. A mesma coisa acontece quando se conversa, assimila-se informações e pontos de vista de uma pessoa com maior experiência ou sabedoria. É preciso processar e avaliar as ideias para colocá-las em prática, se for o caso. Isso será muito importante para assimilar ideias, conceitos, cultura e ampliar a visão de mundo para entender as dificuldades não como barreiras, mas para superá-las de forma natural.

Estou ali imóvel na cama tentando encontrar uma posição confortável para dar aquela cochilada do início da tarde. Terei uma quarentena para exercitar o início de mudanças necessárias que se aproximam em minha vida. É preciso transpor as pedras que formam o fatídico muro do Pink Floyd. Ainda não é o momento para derrubar o muro, ou seriam os muros, mas de ver alguns circos da vida pegando fogo e pensar: "Aprenda a superar os muros para solidificar as bases que deseja, incluindo os escombros". Outros até diriam: "O mundo está em guerra, muita destruição, só me resta dançar sobre os escombros". É a inevitável biologia da idade tecendo caminhos.

Mudar a vida, ou seja, simplesmente querer mudar a vida por mudar, não adianta se o processo de convencimento interior ainda estiver precário com algumas verdades, tanto as absolutas como as morais, entre escolhas e desejos. Essa situação se dá, em parte, quando se reflete sobre a vida difícil de um viciado em drogas, um alcóolatra, um fumante, um guloso. Todos precisam demais desse processo interior de autoconvencimento, incluindo as respostas químicas ao combalido corpo. É uma luta absurda entre Davi e Golias. Levar uma pessoa, com esse perfil dos exemplos acima, em especial, de um viciado em drogas, de maneira forçada a uma clínica especializada para se "curar" é o mesmo que enxugar gelo. A pessoa tem de querer, tem de estar predisposta por já ter consciência, pelo menos em parte, de seu papel, sobretudo ao comparar o que se perde e o que se ganha com determinadas atitudes. É preciso convicção interior. Tudo acaba sendo o resultado, de fato, entre perdas e ganhos. Em todos esses exemplos, o papel preponderante de querer viver, de se transformar em uma pessoa melhor, não para os outros, mas para si, tem um significado literal de divisor de águas para uma vida. É uma verdadeira transformação espiritual muitas vezes encontrada em uma doutrina religiosa e, às vezes, sem precisar de religião, revela algo maior, muito maior, no encontro com seu eu interior, ou no significativo encontro com Deus, mesmo aqueles que duvidam da existência Divina em busca de cura. Ambos têm algo extraordinário e levam ao mesmo caminho, o espiritual.

No hospital, algumas visitas vêm e vão. Conversas tranquilas depois de tudo são um santo remédio. Viver o bom humor e deixar essa contaminação se proliferar sempre é bom para todos. Nada melhor do que sorrir depois de uma intensa batalha, mesmo sem executar todos os movimentos com os braços e o tronco do corpo. Essas limitações são consequências naturais da cirurgia de todas as pessoas operadas nas mesmas condições. É interessante que o cérebro envia informações de recuperação imediata para se levar uma vida normal, mas a realidade é bem diferente com as dores do corpo. Tem de ter limite e respeitar o protocolo de recuperação natural, pois a tendência é executar movimentos bruscos e andar como se nada tivesse acontecido. Ouvi muito: "Cuidado rapaz, não te levanta assim. Não te movimenta dessa forma". Todos estavam com razão: precisava respeitar os limites mesmo com o cérebro dizendo o contrário. A realidade é que a pessoa depende dos outros e essa, em meu caso, é outra aceitação. Depender dos parentes, dos amigos, por mais natural e de boa vontade que seja, para se levantar, para se mexer, para buscar algo, acaba sendo um incômodo para eles, e isso é meio constrangedor, pelo menos a mim. Mas fazer o que, rebelar-me contra tudo? Não, isso é impensável. Vamos indo então e que venham as ajudas.

Lembrei-me de um momento interessante de minha vida. A cena foi quando fiz dezoito anos. Já era "maior de idade" e estava no limiar entre deixar de ser adolescente e passar a nova fase de ser adulto, capaz e responsável pelos meus atos. Uma literal sensação de poder entre o querer fazer o que penso e o que não deveria fazer o que penso. Era um dilema de responsabilidade de um garoto de dezoito anos. Lembrei esse aniversário de maioridade quando minha mãe, com certa diplomacia que lhe era peculiar, abotoou-me a camisa com força, quase me sufocando, e disse em alto e bom tom para quem quisesse ouvir: "Olha moleque, agora tu tens dezoito anos, se resolveres fazer filho por aí, ou matares alguém, ou fizeres uma merda qualquer, tu vais ser responsável pelos teus atos, ouviu? Se quiseres ser preso, já sabes o caminho". E eu olhando perplexo para aquele semblante severo de minha adorável mãe quase encostando o nariz no meu, no típico limiar entre a gana dela por achar não ser tão capaz de enfrentar o mundo, retruquei: "Antes de eu morrer sufocado pelas tuas mãos me engasgando, posso ter o direito de fazer merda se eu quiser?". Então ela me deixou em paz e saiu rindo, só para variar. Não foi à toa que ela me deu corajosamente minha primeira bateria quatro anos antes de meus dezoito. Ela sempre quis som ao vivo em casa, mesmo que fosse rock and roll. Essas lembranças dão o tom do momento e me ajudam, com tantas histórias na cabeça, como um turbilhão misturando o passado ao presente, a me recuperar com bom humor. As histórias de vida vêm e vão repletas de emoção, sobretudo naquela situação em que o cérebro fica que nem as marés, flui conforme os ventos dos pensamentos e as águas das emoções.

E por falar em música, ela sempre ocupou um espaço importante em minha vida. Desde pequeno, com aproximadamente 4 anos, gostava de ouvir a música tema do filme *Zorba, o Grego* com uma cadência lenta da introdução, gradualmente aumentando o andamento e se transformando em algo frenético do meio ao fim, tipicamente da cultura e da alegria dos gregos. Rodava e rodava na sala ao som dos risos de meus pais e amigos sentados em volta. Havia, também, um piano estacionado na sala, um instrumento em que minha mãe exercitava as mãos, as emoções e dava vazão ao exercício de viver a experiência da música.

Aquele cenário foi muito motivador para mim em vários sentidos, pois a sala, além do simples espaço de receber visitas, era o local de bons encontros com amigos e parentes de meus pais, sempre com boa música. Na época a TV ainda era insípida e não havia o costume de se sentar com a família para assistir à programação no final dos anos 60. Pouco tempo depois, digamos, poucos meses depois, não sei precisar qual era minha idade, o primeiro momento marcante na infância. Meus pais eram professores de língua portuguesa, lutavam para garantir o feijão nosso de cada dia. Éramos eu e mais dois irmãos em idades menores, naquela época. Chegou um caminhão ou algo do gênero para recolher o piano da sala. Meus pais foram obrigados a vendê-lo para pagar as contas, velho drama de muitas famílias jovens em formação, sobretudo da área do magistério. Perguntei pela minha mãe e me disseram que ela havia saído. Descobri muito tempo depois que ela saiu para não ter de assistir aquela cena de o instrumento ser levado por pessoas estranhas. Havia um clima de constrangimento total no semblante de todos, até dos carregadores, lembro-me bem. Quando percebi aquele cenário, veio o choro compulsivo, só me restou lutar contra aqueles pobres carregadores para não deixar o piano ir embora. Esperneei, lutei, bati, sofri, seguraram-me com força e não adiantou nada. Perdia ali parte da música na sala por causa dos números da economia que influenciavam a qualidade do arroz e do feijão em cima da mesa de casa. Perdia algo maior e imaterial, a música, pelo fato de me deparar com minha mãe chorando e não querer falar com ninguém. Tudo marcante. O tempo curaria aquilo tudo? Só restava, então, uma eletrola grande de madeira amarela com caixas embutidas para ouvir Wilson Simonal, Beatles, Chico Buarque, Carequinha, Alecrim e outros. Os Stones viriam tempos depois com a estonteante "Satisfaction", o maior *riff* de guitarra de todos os tempos, pelo menos para mim.

Só em lembrar essas cenas da vida envolvendo família e a dificuldade de meus pais, profissionais da educação que atualmente não estão mais entre nós, dá para se ter ideia da dimensão da vida de um professor na luta cotidiana para resguardar a renda a fim de sustentar uma família. Primeiro o entra e sai de escolas, cursinhos, aulas particulares, universidades. Depois o planejamento de aulas, a pesquisa de textos, a leitura, o estudo técnico. E outra, manter a saúde em dia para poder ministrar com tranquilidade as aulas e deixar os alunos com as informações suficientes para poderem seguir seus caminhos. E isso é pouco, pois ainda existem as reuniões, a vida privada, o pagamento das contas, a manutenção da qualidade de vida de casa, as compras do mês, a logística do cotidiano, os momentos para se inteirar das notícias locais, do país e do mundo, entre outros. Cadê o final de semana? Se se comparar essa vida diária, quase guerrilheira, com outros profissionais, evidentemente, cada um possui peculiaridades com pontos fortes e pontos mais difíceis, mas, em especial, o professor parece ter uma carga de responsabilidade diferenciada pelo papel social, psicológico e cultural exercido na sociedade na preparação de alunos não somente para o indefectível mercado de trabalho, mas para a vida.

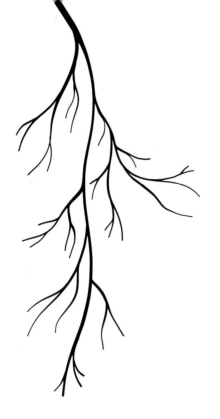

FUTEBOL PARA QUEM?

Justamente nesse período de hospital, a Copa do Mundo na Rússia movimenta o concorrido mercado e uma verdadeira rede de indústrias por trás desse evento. Tudo se transforma em cifras e ato de comércio, incluindo os jogadores explorados pelo mercado milionário da bola. Os jogos, a disputa e a atividade esportiva do futebol mexem com as paixões, os corações, e transformam a vida dos amantes do futebol. E naquele período os jogos da Copa continuam fervilhando e a Seleção brasileira, já desclassificada por ter perdido nas quartas de final para a Bélgica, reacende várias questões sobre dedicação, amor à camisa, profissionalismo, mercantilismo, política da CBF, política pública de incentivo aos esportes.

Com os jogos, inevitavelmente milhões de técnicos brasileiros ficam alvoroçados e, uma coisa é certa, acabou a Copa para o Brasil, porém foi bonito assistir excelentes partidas em que a técnica e a arte de jogar futebol deram esperança a novos países de se firmarem no cenário mundial desse esporte. Mais uma vez a derrota brasileira têm lá seus significados. Pouco importa quem vai ganhar a Copa agora, apesar da imprensa conduzir as notícias por diversos tipos de interesse e manutenção de contratos com patrocinadores. É divertido observar o esforço em manter a atenção dos olhares brasileiros em frente às telas da TV durante os jogos e lembrar da música tão cantada em outros anos: "...com brasileiro, não há quem possa!". Quem dera fosse verdade essa pretensão.

Assistia estático na cama alguns jogos pela TV e lembrei a cena da expulsão do consagrado jogador Zinedine Zidane ao agredir o jogador Marco Materazzi da Itália na final da Copa do Mundo de 2006. A primeira atitude do Zidane, à época, quando concedeu entrevistas sobre o ocorrido, foi pedir desculpas ao povo francês e principalmente às crianças. Ele tinha a perfeita noção de ser representante de uma categoria de profissionais do esporte, ser uma referência e a obrigação de dar o exemplo. A atitude de Zidane foi antiesportiva, incompatível com a prática do esporte, independentemente das causas que deram origem à agressão durante o jogo. Os fatos que acontecem em uma Copa do Mundo são sempre superdimensionados. A preocupação de Zidane com as crianças, em especial, foi bastante significativa, ao assumir a culpa por seus atos e responder com elegância ao mundo. Poucos conseguem esse feito diplomático de pedir o perdão com sinceridade e não apenas arremessar palavras cumprindo protocolos com cartas previamente marcadas sob sugestão de assessores.

Mas as histórias do futebol não param por aí, inclusive, volto à vexatória eliminação do Brasil, pela França, nas quartas de final da Copa de 2006. Vai muito além da inconstância emocional de Zidane com a fatídica cabeçada que virou até estátua na França, só para se ter ideia do superdimensionamento do "efeito Copa". Outro jogador da Seleção francesa, Thierry Henry, declarou em alto e bom tom, naquele mesmo período, sobre o que achava da Seleção brasileira: "A Seleção brasileira tem jogadores talentosos, porque deixam de ir à escola para jogar futebol das 8h às 18h. Eles jogam na rua, na praia...". Pronto, a confusão estava armada na delegação e na imprensa brasileira. A notícia foi divulgada mundialmente. Muitos jogadores deixaram o comentário de Henry para lá, outros resolveram retrucar tentando responder àquela constatação óbvia. Boa parte das respostas foram bem superficiais e talvez insignificantes, não conseguiram chegar ao âmago da crítica do francês. A situação, então, se transformou em política quando a imprensa destacou o debate sobre os fatos e diversos articulistas analisaram a situação sob vários pontos de vista. Isso foi excelente, promover um debate sobre uma situação bem típica da cultura brasileira a partir da crítica de uma pessoa de fora do país.

Evidentemente que o jogador Henry tem razão com suas palavras trágicas a respeito da evidente realidade da educação brasileira, comparando a ausência de crianças nas escolas com os excelentes jogadores de futebol e, ainda, o fato de o Brasil ser o país do futebol. É melhor jogar bola ou ir para a escola? Mas que escola é essa? O velho dilema de profissionais da educação em tentar driblar os enfadonhos currículos na educação tendo em vista a máxima "de não sei o quê para lugar algum". A dicotomia do mundo externo e o espaço escolar, muitas vezes desproporcional, revelam essa tragédia em números não somente na área da educação, mas também no campo social, nas ruas, no mercado informal, no desemprego, na previdência, nas penitenciárias. Uma realidade centenária reveladora de dilemas brasileiros oriundos da política e da incapacidade de gestores públicos em conseguirem reverter o mínimo desse caos refletido nas ruas em diversos exemplos bem práticos.

Não se pode se esquecer de outro francês, envolvido em outra polêmica, nos anos 60, a partir da frase: "O Brasil não é um país sério", por ocasião da visita de Charles de Gaulle. Hoje já se sabe que de Gaulle não foi o autor daquela frase, na verdade dita por um brasileiro de destaque na época que trabalhava na embaixada do Brasil na França. Esse estigma brasileiro tem origem em diversos fatores da cultura e da política de distanciamento, para não dizer do preconceito, entre aqueles que detém o poder de um lado e o povo de outro, sem desconsiderar a imagem do Brasil projetada no exterior de país festeiro, terra do carnaval, das festas públicas, dos feriados, da alegria, do acolhimento. A junção de tudo, dos sotaques, das comidas, do comportamento, das palavras, resulta de tradições, importadas da Europa, dos povos indígenas e da África, formadoras de uma nova maneira de viver e respirar a cultura de norte a sul do Brasil. Talvez a fala do brasileiro, atribuída polemicamente e equivocadamente ao de Gaulle, fosse atingir oponentes em possível conflito de interesse, ou quem sabe, atingir os mecanismos protocolares típicos da época. A transformação e a mudança comportamental do povo brasileiro decorrente da mistura de fortes culturas faz dele único no mundo. Enfim, se há seriedade ou não, vem outro pensamento: o povo se esforça, trabalha mais do que se imagina, sofre, reclama e sorri, justamente com um objetivo, ser feliz. Ora, não será um protocolo que o fará diferente.

É interessante perceber outro ponto significativo na cultura brasileira ao originar uma beleza típica de cada região. São várias culturas, falares, comportamentos que fazem do Brasil ser o que é. A começar pela falta de referencial físico para representar a beleza brasileira, pois todas as cores e raças fazem parte de um grande caldeirão proveniente da formação da população, mesmo com todas as diferenças entre culturas regionais que fazem desse continente chamado Brasil algo mais do que diferente. As expressões linguísticas significativas espalhadas pelo país, por exemplo, na Bahia com o "Ôxi!", no Pará com o "Égua!", no Rio de Janeiro com o "Caraca!", no Rio Grande do Sul com o "Báh!", no Ceará com o "Arriégua!", em Minas Gerais com o "Eita trem", definem a diversidade do falar, dos sotaques, da própria manifestação da vida social. E ainda outros referenciais também ajudam a demonstrar a grande diversidade brasileira da culinária, das tradições de festas e das procissões religiosas. Essa diversidade, além disso, apresenta-se nas manifestações nos estádios de futebol, de cantar nos grandes eventos, de se portar em locais públicos, de se manifestar artisticamente, na individualidade e gestual de cada pessoa. De forma geral, um exemplo cotidiano, como a simples ação de ver lixo no chão ou de descartar o lixo no lixo, já tem um significado. Jogar o lixo no chão demonstra claramente um flagrante típico de omissão da falta de visão coletiva. É como se não fosse com aquela pessoa o problema da limpeza pública nem as consequências daquela ação. Esse exemplo faz a diferença de cultura para cultura. Necessariamente, não é que o comportamento individual seja a representação máxima da maioria, mas a partir da simples constatação desses traços cotidianos, na relação entre o indivíduo preocupado com o coletivo e a própria identificação de amor ao local em que vive, pode se perceber sintomaticamente detalhes marcantes dessa cultura regional ou geral.

A formação individual iniciada desde as mais remotas idades insere sotaques, palavras e transforma-se em raízes estabelecidas para a formação da individualidade e consequentemente do coletivo social. No caso, é a formação da representatividade de uma raiz, como diriam outros, do enraizamento cultural. É comum, em alguns poucos casos, a pessoa depois de um tempo dar prosseguimento na formação educacional em outros estados ou até mesmo em outros países e sentir falta dos símbolos culturais de sustentação daquelas raízes de formação. Por exemplo, uma pessoa vai passar temporada em outro país e, com o tempo, sente falta daquela comida, de um utensílio, de um tipo de carinho, do acolhimento diferenciado, do afago, do abraço, das palavras de alguém próximo, do cheiro, entre outros. Isso pode parecer usual, mas é interessante perceber alguns elementos desse processo. Existe uma tendência a um conflito interno psicológico de um cidadão em se tornar, ou melhor, justificar-se em ser um "cidadão do mundo". Talvez um conflito originado pela identificação com aspectos simbólicos de suas raízes culturais, isto é, de seu enraizamento cultural e das culturas assimiladas de outros lugares. Apesar disso, o termo "cidadão do mundo", bastante massificado durante um tempo pela mídia e no âmbito acadêmico, reflete esse choque de ser do mundo e de negação, na medida do possível, da identidade cultural, digamos, da própria raiz.

Por falar em raiz, o teto está lá e volta a fazer parte de meu cenário. As dores aliviam gradualmente a cada dia e me sinto melhor. Chega o jantar, sempre agradeço a oportunidade de ter uma comida especial feita com carinho. Inevitavelmente já penso em rever atitudes e na forma de viver a partir de uma nova maneira de me alimentar. É difícil diante da incrível diversidade de tantos sabores da culinária paraense, é preciso achar um meio termo, se é que existe. É hora de recomeçar e não se deixar levar pelas armadilhas do cérebro, que bombardeia com ideias para retornar aos antigos hábitos. É duro, mas não é impossível, e só de pensar pelo que passei, estou passando e ainda passarei por mais seis meses para recuperação completa, já me incentiva bastante, principalmente, a palavra "viver". É difícil essa peregrinação? Sim, vivemos sob a égide de uma cultura do paladar e dos encontros sociais, na maior parte das vezes, com comida perfumando o ambiente. É algo natural em várias culturas do mundo manter o alimento do corpo e do espírito. É preciso estar disposto a fazer sacrifícios e pensar melhor no presente e no futuro. O mais importante é fazer sua parte, construir com alegria seu caminho com bom senso e reconhecimento do que fez no passado. Meu astral já começa a mudar.

E antes de dormir recebo um telefonema importantíssimo para o conforto de meu coração – minha filha. Oh, maravilha! Ela está com seis anos e, antes do alô, pergunta logo: "Pai, você está bem? Foi verdade que cortaram seu peito?". Fico inerte e sem voz. Sabe o famoso cri, cri, cri? Havia inicialmente combinado com minha esposa em amenizar as notícias para poupá-la. Tudo bem, agora ela já sabia. Essa turma mirim tem uma percepção incrível das coisas, apesar de nossa atitude não ter sido a mais correta em não revelar logo, pois iríamos contar a verdade assim que estivesse no quarto, após o drama da UTI, para poder conversar com calma com ela. "Sim, estou bem, minha filha. Com muita saudade de você". "Eu também, papai. Eu te amo do tamanho do Universo. Quando você sai daí?". "Nesta semana, quando o médico me liberar para ir para casa lhe abraçar". Depois disso deixei ela tranquila com as boas notícias e a vida segue os passos naturais. E mais uma madrugada para pensar e tentar dormir ainda pelo incômodo de não conseguir uma posição confortável na cama.

Entre cochilos e contornos para tentar encontrar uma posição a fim de dormir de peito para cima, consegui não cansar muito e relaxei. Não queria remédios para forçar o sono, pois já estava numa dieta de remédios muito grande, achava melhor usar a frase do "menos é mais". Não houve problema, consegui dormir em alguns momentos. De manhã, os agradecimentos com o raiar do astro rei e a caminhada pelos corredores do hospital. Ao andar pelo hospital, percebia outros enfermos na luta para se recuperarem com o revezamento dos familiares a fim de cuidarem de seus parentes. A logística da vida cotidiana das famílias se altera. A dedicação, a solidariedade, a participação para ajudar o próximo dão um sentido especial para se viver em um novo momento. A vida lá de fora, a vida profissional e a vida cotidiana, ficam diminutas quando o que se está em jogo é a própria sobrevivência. Nesse momento, pouco importa a vida lá fora.

Há aspectos significativos para se importar na vida diária. Tais aspectos, muitas vezes, passam despercebidos pelas pessoas devido à maneira como se vive. Não existe tempo para olhar para o lado e entender o que se passa. O objetivo é sempre o mesmo, alcançar as metas pessoais e conseguir cumprir as missões do trabalho, numa espécie de comportamento coletivo determinado e obrigatório advindo não se sabe de onde. Todavia existem aspectos maiores que, para muitos, podem não significar absolutamente nada, por estarem simplesmente no automático, mas para outros tendem a ser algo importante. Por exemplo, um simples bom-dia, boa-tarde e boa-noite para uma pessoa desconhecida, o aceno cordial da cabeça para alguém; existem muitos significados que dependem de pessoa para pessoa no processo de interação humana e na forma de se dizer, nas entrelinhas, estamos juntos nessa vida.

Em tempos em que a aparência é bem valorizada, e um terno ou uma roupa de grife da moda podem fazer a diferença no mundo dos negócios e da política, a essência praticamente fica de lado e também o real motivo da existência. Há um código implícito: se não aparecer na mídia e na TV, a credibilidade de um objeto, e também das pessoas, será quase nula. O poder das imagens tem um significado imenso na venda de produtos e na credibilidade tanto de palavras como das ideias. E uma ideia na televisão quase sempre aparece ao lado de uma imagem, em movimento ou não, mas, se exposta naquela tela mágica do portal disponível a todos, fica mais fácil acreditar em mentiras travestidas de verdades. Então quanto vale uma roupa ou conhecer a essência de uma pessoa ou o que se esconde por trás de um discurso?

Querer se iludir por não obter respostas plausíveis que preencham as lacunas de uma ignorância controlada por quem comanda e distribui informação, acaba sendo uma opção individual. Vários desejam se iludir, no fundo sabem dessa ilusão e fazem questão de não lutar contra isso para não terem de sair da zona de conforto. Outros sequer sabem dessa ilusão por pura ignorância ou desconhecimento. A aceitação da alienação no transcorrer da história das sociedades já foi responsável por milhões de mortes em guerras, muitas vezes sem sentido, a não ser para justificar egos e a permanência no poder de grupos dominantes. O poder tem essa magia na relação entre dominado e dominante, ao mesmo tempo em que pode construir e salvar, pode na mesma proporção desconstruir e matar.

Meus dias vão se sucedendo nessa árdua trajetória. Na caminhada pelos corredores, fui até ao pequeno jardim atrelado ao estacionamento de carros em frente ao prédio. Pude observar a entrada a todo instante de pacientes e familiares. Eram táxis, carros particulares, vans, bicicletas se revezando dentro de um caos aparentemente controlado naquele local. A finalidade era o atendimento com todos imbuídos de esperança para a cura de mazelas.

A partir daquela realidade é inevitável pensar sobre o país. É uma dura realidade em hospitais e a própria condição de um povo doente por motivos diversos. Se em um hospital privado a situação pode ser difícil, fica fácil imaginar o que ocorre em um hospital público. Outra constatação óbvia da grande doença da falta de tudo, é a fatalidade do povo brasileiro em não poder se cuidar, em uma espécie de desamparo assistido por todo mundo, incluindo os responsáveis por aquele quadro traumático. É como se houvesse uma resignação, movida pela ignorância e alienação, diante da falta de assistência e da aceitação de um "hipocondrismo" social constatado facilmente pela quantidade de farmácias existentes em cada bairro, em cada quadra, em cada rua de uma cidade, por exemplo, como Belém. Por um lado, a disponibilidade de medicamentos para a população é uma realidade. Por outro, os produtos, apesar da concorrência entre empresas farmacêuticas, custam valores muito altos, o que justifica, de forma tácita, aos que ganham com o grande negócio chamado doença.

Além disso, nem é preciso citar as notícias de abandono de pessoas necessitadas em hospitais públicos. A imprensa consegue noticiar apenas uma pequena proporção dessa realidade, consequência, evidentemente, da falta de políticas direcionadas a corrigir as mazelas e as discrepâncias em um país como o Brasil. Para ser justo, podem até existir boas ideias para a implantação de um trabalho a fim de corrigir tais distorções, mas se sabe que boa parte da aplicação desses planos "fantásticos" esbarra em como executar, em como fazer. As justificativas são muitas, mas é aquela situação clássica: construir um prédio de hospital é até fácil quando se tem orçamento e dinheiro para fazer, mas, e a manutenção, e os funcionários, e a logística, e o atendimento, e os resultados efetivos a quem precisa?

É fácil comentar esse tipo de situação com argumentos a partir dos exemplos veiculados pela imprensa ou a partir da experiência de alguém. É até justificável, diante dos muitos cenários e atores que compõem os exemplos, começar a proferir palavras dentro das esperadas frases de efeito: "Não tem jeito", "Nunca vai mudar", "Todo político não presta, é só ladrão", "Nesse país tudo é uma brincadeira". Frases essas, porém, com uma carga negativa fatalista. Fica fácil entrar nessa vibração na onda do momento e deixar as palavras se encarregarem de botar tudo no mesmo caldeirão das ruindades. Coloca-se todos no mesmo patamar e acende a fogueira da amargura e deixa arder até virar pó. Um grande e triste engano. De fato, uma insensatez sem precedentes, capaz de contribuir somente com a negatividade em razão de frases superficiais e simplistas não levarem a absolutamente lugar algum, pelo contrário, somente contribuem com mais mazelas e também pela aceitação passiva de uma difícil realidade vivenciada por boa parte da população.

Vamos pensar melhor, olhar para a história desse país e, quem sabe, desse mundo. Até pouco tempo, digamos há cem anos, a sociedade era bem diferente. As doenças eram outras, a tecnologia era outra, a Ciência estava em outro patamar no planeta, a perspectiva de vida era diferente e menor. Viver era diferente, a estrutura das cidades teve de sofrer graduais transformações para se adequar às mudanças, e vale lembrar da qualidade de vida diferente em cada momento. Com a evolução natural, muita coisa mudou, inclusive, a quantidade de gente sobrevivendo e a própria maneira de interação humana, tanto de viver a vida cotidiana quanto em alimentar novas perspectivas para a vida. Hoje os dramas são outros, pois as pessoas mudam e enfrentam outras formas de contornar as dificuldades em uma sociedade maior e com referenciais diferentes.

Até bem pouco tempo, para se comparar os momentos, em especial nos idos dos anos setenta e oitenta, a sociedade brasileira estava diante de uma inflação astronômica em que, numa simples manhã de segunda-feira, o preço de um pacote de macarrão aumentava três vezes no supermercado. Havia, entre tantos outros, uma tal dívida externa brasileira para justificar o injustificável, um verdadeiro assalto aos cofres brasileiros para entrega de juros e mais juros a instituições mantenedoras desse literal assalto travestido de legalidade em países subdesenvolvidos e pobres. Se fosse ouvir os negativistas de plantão dos exemplos acima, nada daria certo e o Brasil estaria atrelado a uma explosão social, econômica, política, sem precedentes. Estaríamos fadados ao negativismo e talvez nem mais o carnaval existisse. Viver seria mais do que um suplício se dependesse dessa corrente negativista.

Alimentar a esperança sempre fará parte da essência salutar dos seres humanos, ninguém deseja o pior para si, evidentemente, porém, quando se cresce e se alimenta pensamentos superiores de vida, fica um pouco mais fácil chegar próximo à tranquilidade e à paz. Ao andar nas ruas, nas praças, nos locais públicos e observar as pessoas namorando, conversando e andando em família, considerando a quantidade bem superior de pessoas nas cidades em relação à primeira metade do século passado, é de se indagar: se as pessoas não tivessem um mínimo de discernimento para manter o respeito mútuo em considerar o outro como um ser de direitos, de pessoa humana e cidadã, no sentido de manter a convivência salutar e harmônica na distribuição dos espaços das cidades, isso, necessariamente, por mais óbvio que seja, não seria o resultado do processo de evolução de homens e mulheres na construção de uma sociedade melhor, ou seja, de paz? Esse recorte do exemplo da convivência humana demonstra de fato a evolução dos seres humanos, isto é, na grande maioria, também ao alimentar a esperança em querer um mundo melhor.

Não se pode negar essa evolução de homens e mulheres, sob a perspectiva social, tendo em vista a estrutura de uma sociedade. O poder do bom senso em que a comunicação entre as pessoas, o nível de discernimento e de respeito mútuo, a partir da própria identificação cultural, constatam, em parte essa transformação para melhor. A evolução das instituições e dos trabalhos de instituições públicas ligadas aos três poderes, das entidades civis, das empresas privadas pequenas, médias e grandes, do terceiro setor e da sociedade civil organizada formam a base para poder se constatar que hoje não se pensa mais como há cem anos. Hoje, apesar da banalização de quase tudo, existe um aparato sistemático para garantir a vida, por mais que se possa pensar o contrário. Se na Idade Antiga e na Idade Média se matava para fazer justiça por alguém considerado superior, para o Rei ou para o Estado, bem como a honra, e tudo ficava daquela forma, hoje é diferente. Mesmo assim, ainda há muito o que se fazer, muito a evoluir. Essa parcial insatisfação e o fato de crer que ainda é possível melhorar, tem na esperança o impulso para se construir a missão de homens e mulheres.

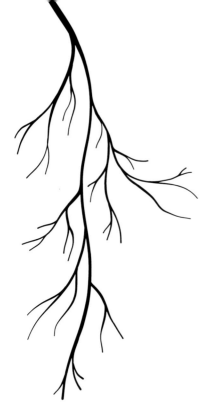

A SOPA

    Um mendigo pedia esmola na frente do hospital. O semblante dele, com a testa franzida bastante queimada do sol, com as marcas naturais do tempo, era de sofrimento misturado à resignação, típico de quem tem de se sujeitar à vida de pedinte pelas ruas da cidade. É fácil para o mais simples dos mortais julgar uma pessoa naquela situação vexatória submetida à caridade dos outros. E sequer os pedestres têm tempo e disposição para olhar para o mendigo. "Ele pede pra comprar drogas", "Isso deve ser um vagabundo, bem ali na esquina vai roubar", "Esse preguiçoso deve ter abandonado a escola e virou mendigo. Ele merece", os rótulos são diversos e justificam o injustificável. Os julgamentos, nem se fala.

    Razões existem e sempre há histórias por trás de cada vida, mas algo é bem certo diante de quadros de mendicância: aquele mendigo ali, encostado na grade do hospital, ainda não morreu porque não deixaram. Várias pessoas são responsáveis pela vida dele. Há gente que se desprende de afazeres pessoais, de seus interesses, para cuidar dessas pessoas com uma simples sopa durante a semana e ajuda com roupas usadas ou novas. Outros ajudam dando banho e na higienização do corpo daqueles seres humanos em situação precária. Em outras palavras, a esperança de sonhar com uma sociedade melhor é possível. Esses gestos significativos de solidariedade e fraternidade são importantes na alimentação do corpo e do espírito de pessoas que praticamente quase perderam a esperança de viver. Os anônimos servem a sopa e os que a tomam provam dessa esperança proveniente de uma luz invisível capaz de cegar momentaneamente as mazelas e as injustiças vistas nas calçadas e nos sinais do cotidiano. Essas pessoas, talvez, olharam para o lado e enxergaram o que está por trás das calçadas da vida.

E a história da sopa continua. Dois mendigos se dirigiam até o sopão em uma das praças de Belém. Era noite chuvosa, com uma forte umidade típica dos céus naquele período. Um ajudava o outro, pois um deles estava sem poder andar normalmente, mancava como se tivesse algo grave em um dos pés. Um era a escora do outro. Os dois tinham o mesmo objetivo, tomar a sopa providencial para aquela noite, nada melhor do que jantar uma sopa quentinha. Não houve condições de ficarem os dois na fila, então foi somente um deles. O outro ficou sentado na beira da calçada à espera do alimento e com um semblante de dor naquele pé machucado sob uns pedaços de gaze, usada no ferimento e embebida com alguma espécie de remédio amarelado misturado a sinais de sangue. Primeiro o colega conseguiu pegar a sopa na fila para o amigo machucado e a levou até ele, sentado no meio fio da calçada. Os dois se cumprimentaram com um sorriso no rosto devido à missão cumprida. Havia um pedaço de pão no acompanhamento da sopa. Depois o parceiro voltou ao final da fila para pegar a sua parte do jantar. Eram muitos moradores de rua e pedintes que estavam sedentos por aquele alimento. O amigo também conseguiu pegar a sopa com o pedaço de pão. Após aquela cena quase insólita, tão "normal" de os dois sentados na calçada molhada, tomando a sopa, mastigando o pedaço de pão e assistindo os carros passarem, sorriam, admiravam o sabor da sopa e conversavam assuntos que somente Deus sabia.

O melhor é saber a dimensão da esperança em momentos de adversidade. A solidariedade entre aqueles mendigos talvez não seja tão diferente de cenas de guerras pelo mundo com a ajuda mútua entre soldados, entre civis, entre prisioneiros em um campo de concentração, por exemplo, durante a vergonhosa Segunda Guerra Mundial na Europa. Se há anjos, eles realmente testemunham simples gestos de ajuda transformados em algo muito maior na busca pelo melhor das pessoas, praticamente em duas dimensões, a física e a espiritual de seres de luz. Os anjos podem ser também de carne e osso.

O mendigo na rua é um referencial para vários detalhes, apesar da vida dramática, das injustiças e outros mais. Uma pessoa na rua vivendo daquela forma, seja lá por quais razões, dá a tônica entre ser livre ou não, optar por um tipo de vida para seguir o destino. É o verdadeiro paradoxo entre a formalidade dos ternos e gravatas e o pouco caso com as regras sociais mais formais. Acabam por se tornarem verdadeiros *"easy riders"*, com os pés no chão com a cara e a coragem de serem livres para viver da forma como escolheram. Andam a esmo, desapegam-se dos rigores de uma vida material, conformam-se com o pouco que têm em uma espécie de compensação para percorrerem o planeta em busca de um horizonte inacabado e fruto, talvez, de uma utopia de um mundo melhor, assim como alguns hippies um dia pensavam. Não protestam, querem viver, ou melhor, sobreviver com o pouco de comida disponível. E um teto? Não precisam de teto e nem de cama, qualquer chão serve. Não se adequam a nada imposto, querem seguir pela vida. Andar sob o sol, se molhar com a chuva e, talvez, serem compreendidos por alguém nos momentos dramáticos da vida, na hora da fome ou da dor. O céu é o teto e o limite. E cada um tem o céu e os limites que escolheu para viver.

Uma auxiliar de enfermagem, no corredor do hospital, comenta com outra colega sobre tratamentos, vontade de se aperfeiçoar, as diferenças entre pacientes, incluindo o lado psicológico, e de como as doenças nivelam as pessoas em uma só categoria – dos enfermos, isto é, todos se tornam iguais na enfermidade. A dor, os sintomas, os sinais são bem parecidos em cada paciente e todos ficam acamados e limitados. O tratamento será padrão, deverá quase sempre seguir um protocolo e uma conduta dos profissionais. Todos querem se curar, sair daquela situação, independente da origem. É interessante a observação daquela profissional, realmente todos acabam inseridos em um sistema de dependência dos profissionais da saúde e estarão sujeitos aos protocolos de atendimento em que o remédio para um será o remédio para o outro, digamos, resguardando as diferenças de cada paciente. O que é fato é de todos estarem no mesmo barco em busca de apenas um objetivo – a cura. Sem entrar em maiores detalhes sobre as diferenças entre hospitais e a atuação de políticas de saúde pública entre governos e mais governos, a pessoa enferma é sempre única e dependerá dessa estrutura, ficando à mercê, em grande parte, de profissionais, ou seja, de outros seres humanos.

Sigo minha caminhada protocolar e observo a movimentação dos profissionais das mais diversas áreas de atuação no hospital. Todos parecem concentrados e imbuídos de fazer o melhor, pois independentemente do que fazem, lidam com vidas. Ando e sigo o caminho com um leve cansaço característico, então aproveito para sentar na capela e agradecer a oportunidade de estar ali. Meus pais já se foram para outro plano, e falo com Deus sobre o destino e a honra de ter sido filho deles. Agradeço a oportunidade de ter aprendido a viver e sobreviver nessa vida. A saudade é grande, mas o conforto é ver meus pais em meus irmãos, num sorriso, nas observações, nos olhares, na diversidade de cada um. Muitas vezes sorrio não da piada sem graça de um desses irmãos, mas do fato de lembrar de como seria a reação de meu pai ouvindo piadas tão sem graça. Entender o vazio da ausência de meus pais no meio de nossa família é um fardo que cada um dos filhos terá de aguentar, porém, na pauta de nossas conversas coletivas da família, quando eram vivos, havia a preocupação de deixarem construída a independência de cada um dos filhos. Mas a vontade de Deus é maior e ambos tiveram de partir com o cumprimento da missão. Cada filho sentiu o luto de forma diferente e todos terão de aprender durante a vida em buscar se entender melhor com o que foi deixado espiritualmente. Há, além do luto, uma insegura liberdade após a morte dos pais e esse é um dos maiores desafios entre a vida terrena e a espiritual.

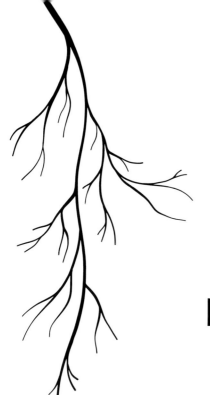

A CORRENTE DO MAGISTÉRIO

Na vida de magistério, há a oportunidade de conhecer muita gente e isso é um privilégio, pois conhecemos os filhos, os pais, até os tios e alguns vizinhos de nossos alunos. É uma verdadeira construção de uma rede em que as pessoas falam e escutam, aprendem e desaprendem, formulam e reformulam pontos de vista, constroem e desconstroem opiniões e formações. Faz parte do processo de viver em grupo para todos crescerem. Após uma aula, um pai de aluno chegou comigo e disse que a filha havia escolhido o curso de Medicina para fazer o vestibular. Era uma menina esforçada, decidida e tudo mais. Ele perguntou a razão daquela escolha e ela respondeu em alto e bom tom: "Quero ganhar dinheiro e ser rica!". Serenamente, o pai, estarrecido com aquela resposta bem comum, retrucou: "Não faça Medicina, minha filha. A profissão de médico está acima do simples ato de ganhar dinheiro para ser rica. Medicina não é comércio. É melhor então você enveredar pelo caminho do comércio, das vendas, para ser rica. Médico é uma profissão para salvar vidas. Ajudar as pessoas enfermas. Não há lugar para ver essa profissão tão digna como trampolim para riqueza e tudo mais. O ser humano não é um objeto, uma coisa para ser tratado como simples objeto de lucro".

E a sabedoria daquele pai colocou a filha diante de um dilema. No fundo a acordou sobre o olhar a respeito da profissão de médico. Da dedicação necessária durante a vida acadêmica e a continuação que qualquer um precisa ter durante a vida profissional. Nada é estático e por isso o aperfeiçoamento constante é a prova para se tornar um bom profissional, sobretudo nas profissões da saúde. Mas o que leva uma menina adolescente a pensar em se tornar rica? Será apenas em conseguir dinheiro pelo dinheiro, por uma questão de ego, para conseguir os objetos de desejo, para esnobar, para mostrar poder? Pois é, há muito por trás do ser rico, ser milionário, ter isso ou aquilo. Fica perceptível a valorização dos símbolos do poder, como o carro do ano, a marca da moda, o tamanho do apartamento, entre tantos outros relacionados à maneira de viver e da ilusão de ser feliz custe o que custar. Nem se pode dizer, diga-se afirmar, estarmos inseridos, somente agora, em tempos de valores questionáveis, em que a matéria se sobrepõe ao espírito, pois a história da humanidade, desde antes de Cristo, demonstra essa eterna luta do homem. Nesse jogo dicotômico, o conhecimento, a sabedoria e o próprio bom senso mostram aos pais alguns caminhos para se chegar ao equilíbrio na educação dos filhos.

Se perceber melhor, um adolescente se defronta com um mundo gigantesco a partir de portais de informações e de entretenimento. Os valores vêm a reboque e os freios fazem parte ou deveriam fazer parte do processo de aprendizagem e consciência de cada pessoa. Pela internet, triar as informações e refletir nos interesses por trás de textos, fotos e filmes pode significar uma tarefa complexa e difícil. Nesse processo de valorização da superfície, e isso inclui o dinheiro a qualquer custo, no sentido de usufruir momentos efêmeros, como no caso de uma simples festa ou apenas de fugir da realidade numa corrida, tem na diversão pela diversão a possibilidade nua e crua de se afastar de si, isto é, do próprio eu verdadeiro.

Fica bem nítido no cotidiano o resultado de tanta influência de valores provenientes, na maioria das vezes, do mundo virtual em canais abertos pela rede. Valores esses questionáveis ou não. Em outras palavras, contentar-se com pouco, somente com a superfície, transformou-se em regra e a essência passa para o lado da exceção. É como se a visão estivesse comprometida somente com o que os olhos veem, ou seja, o que a mídia mostra. E o resto pouco importa, até mesmo porque a verdade pode decepcionar e é melhor ficar assim mesmo, em um fingimento bem articulado para ajudar a se iludir com o mundo que realmente existe por debaixo do tapete.

Essa superficialidade preocupante, em que até os resultados de experimentos científicos ficam, em alguns casos, prejudicados pela pressa ou pela imposição de patrocinadores, é disseminada de diversas maneiras pelo mundo virtual, justamente quando a pessoa precisa ter maior atenção ao que se esconde por trás de uma simples informação. Não adianta se esquivar ou não querer se deparar com a realidade, é necessário ler os textos por trás dos textos para entender a conjuntura com base na estrutura, ou seja, na base de sustentação da sociedade. Exemplificando: os telejornais noticiam a violência como reflexo do tráfico de drogas e da formação de quadrilhas, mas quando essa mesma imprensa noticiar as causas dessa violência a partir da base estrutural da sociedade, ou seja, da educação precária, da má distribuição de renda, da reforma agrária tosca, da falta de empregos, entre outras, nem é preciso se esforçar para se constatar o que todos já sabem: ficará sem audiência. É melhor vender o sangue e a morte, o fato criminoso, um show de horrores, do que se discutir evidentemente as causas de tudo.

Nessa mesma linha de raciocínio, fica fácil ver a propaganda oficial de governos pelo Brasil em comemoração ao perfilarem policiais militares bem armados ao lado de novos veículos bem equipados, todos com as luzes ligadas girando e brilhando, com muitos discursos de combate à violência diante da festiva imprensa que se aglomera para fotografar e filmar. Imagine o cidadão comum assistindo pela TV esse literal circo para se sentir mais seguro? Essa superficialidade reinante, refletida de diversas formas na vida de cada pessoa, traduz-se na efemeridade, na banalidade de uma vida predominantemente material. Agora uma reflexão: o que gera mais votos e confiabilidade nos governos? Uma dica para responder tal pergunta: está na obra *O Príncipe* de Maquiavel.

Pensar em Maquiavel me fez doer a cabeça. É hora de dormir, tentar dormir. Mas ainda restam alguns detalhes a se esclarecer. É preciso manter a calma, tenho sempre de reafirmar isso. É hora de pensar em nada, num ponto escuro como se fosse o espaço sideral, ir em uma espécie de projeção a esse ponto escuro para tentar relaxar. É bom encostar a cabeça no travesseiro e deixar fluir a letargia antes de cair no sono. Amanhã será um novo dia para exercitar a comunicação e literalmente deixar o alimento das palavras a quem precisa.

De manhã, a rotina de sempre: auxiliares de enfermagem, enfermeiras, médicos, fisioterapeutas, administradores, agentes de limpeza. Vamos caminhar e ver o mundo. Cada dia a respiração durante as caminhadas está melhor. Parece que o sol brilha mais. Vou à capela novamente e o ritual continua. Rezo aos meus parentes e amigos. Peço por eles e agradeço a todos. Estou muito feliz de estar ali pensando na vida de forma positiva e na esperança por dias melhores. E vamos indo de volta ao quarto. Sento na poltrona e penso na vida. O que posso considerar? Penso, penso, penso e vem à cabeça as opções nas relações com amigos e pessoas de nossa convivência, dois caminhos: ou podemos agir para deixar uma pessoa triste, constrangida, raivosa ou podemos fazer o contrário, contribuir com bons momentos, deixá-la feliz, alegre e incentivá-la a viver. Em ambos os casos é preciso exercitar o que nos diferencia dos animais, agir com inteligência e racionalidade. Ora, quando se está em um relacionamento amoroso, é comum se deparar exatamente com tais situações. Meu pai me dizia: "Se tu sabes que isso vai trazer problema e daqui a pouco tudo estará bem, então por que gerar conflito e brigar?". Ele tinha razão, é uma questão tão lógica que muitas vezes somos incapazes de deixar de criar conflitos evitáveis.

Isso serve também para as amizades. É importante cativar as pessoas e buscar pelo o que elas têm de melhor. Não somente nas amizades, mas com todo mundo: uma atendente na farmácia, no supermercado, numa loja, no balcão do serviço público, entre muitos outros. Contribuir com as pessoas e extrair coisas boas é quase um resgate por algo infinitamente maior, além da matéria. É quase uma confraternização obter um sorriso do olhar de alguém desconhecido, por qualquer motivo, em busca de fazer a sua parte no dia a dia.

É bem interessante observar as reações das pessoas em um jogo de futebol, mais precisamente na arquibancada. Quando acontece um gol, tem-se uma vibração incrível de alegria da torcida ao ver o time do coração jogando bem. A reação é gritar gol, pular e abraçar. Muita gente sequer se conhece e se abraça por amor ao time de paixão e se cumprimenta efusivamente. Os torcedores de origens diversas explodem de alegria e naquele momento não há status social, rico ou pobre, feio ou bonito, tudo fica zerado. O mais importante é a alegria, mesmo momentânea, condicionada às cores da bandeira e da camisa do time e que só faz incentivar um lado das pessoas que ficou, em parte, para trás, o da proximidade física e psicológica entre os seres humanos. Evidentemente que quando o time perde, as lágrimas e a tristeza são solidárias também. A reclamação passa a ser geral e muitos que sequer se conhecem, saem conversando sobre as dificuldades do time como se fossem amigos de infância.

Esse lado positivo em um estádio de futebol dá margem para se comparar os altos índices de concentração da população urbana nas capitais e nas grandes cidades para perceber mais um ponto de evolução da sociedade, pelo menos em parte. É possível no meio de tanta diversidade natural e salutar, verificar esse tipo de comportamento de aproximação a partir de valores diferentes, porém a partir de interesses comuns.

DA PAZ E AMOR ÀS GRAVATAS

Um dia, Elvis, o rei do rock, rebolou de forma acintosa na frente das telas de TV. Foi um escândalo nos idos dos anos 50. "A juventude estava à mercê daquele delinquente ídolo do rock". O tabu do sexo gradualmente estava sendo contestado e quebrado para, nos anos 60, tornar-se mais livre, mesmo diante dos padrões morais da época. Foi a década do amor livre, do "faça amor não faça guerra", dos grandes concertos de rock ao ar livre, da liberação geral do amor e das drogas. O jovem experimentava um novo marco de libertação e real transformação. E isso foi sendo conquistado durante as décadas posteriores, mesmo com a forte imposição da ditadura no Brasil.

O fato é que os jovens dos anos 60 se engravataram nas décadas posteriores, sobretudo nas de 70 e 80, ao se depararem com uma sociedade diferente em vários sentidos e que tomou outro rumo bem diferente da utopia sessentista, por assim dizer. Um drama de gerações anteriores que se sucede de forma natural. Isso reflete, ou diria, resulta da forma de a sociedade encarar, sob vários aspectos, pontos inerentes à transformação em áreas como as do mundo jurídico, do empreendedorismo, das Ciências Naturais, das inovações da tecnologia e das Artes, como também nos aspectos sociais, no limiar entre a aplicação de leis e as violações dos direitos do homem, na maior participação e emancipação das mulheres, nos novos valores do mercado de trabalho, numa nova forma de se pensar a gestão empresarial, nas novas profissões, nos novos nichos de mercado e em outra maneira de se alimentar.

Estar preparado para viver nesse novo mundo, o atual, em que as informações são divulgadas aos milhares e conceitos, como verdade e mentira, podem ser facilmente deletados nas teclas de um computador, tanto um trabalho científico ou um assunto moralmente transmitido pela imprensa, é uma arte e requer paciência e autonomia. Não seria o caso de simplesmente relativizar tudo e nem desconfiar por desconfiar das informações. Em tudo há uma razão, desde a dancinha do Elvis na frente das câmeras, exaltando a beleza, a sensualidade e a sexualidade, chocando a nação americana e promovendo a liberdade da juventude ao som avassalador do rock and roll, até a mais simples informação na fala de um cidadão comum em prol de sua comunidade. Em ambos os casos, há evidentes interesses por trás do jogo do poder.

A dúvida, porém, sempre será positiva quando se trata de informações, sobretudo abordando a linguagem. Indagar as razões e o que está escondido por trás de palavras da língua inglesa inseridas no vocabulário da língua portuguesa, como o verbo acima citado, o deletar, pode demonstrar desde o interesse econômico de globalizar a língua inglesa até a riqueza de possibilidades de palavras da língua portuguesa. No caso, para se ter uma ideia dessa influência, há outras palavras em uso: estartar (*start*/iniciar), *top model* (modelo em destaque), *sale* (desconto), *light, outdoor, fashion, fitness, designer, diet* e muitas outras. São tantas informações arremessadas no ar que passa a ser um exercício necessário realizar a triagem de conteúdo e, hoje, assimilar tanta informação pode se tornar a ponta do iceberg da frustração devido à incapacidade do homem em reter as informações de forma efetiva na mente. Ao mesmo tempo exercitar a memória atualmente pode ser significativo. O interessante foi a mudança de discursos entre algumas décadas na área da educação quando se valorizou muito o verbo aprender e a famosa "decoreba" foi desvalorizada por discursos pedagógicos A e B. Atualmente, houve um aprimoramento nessa lógica e quem consegue exercitar a memória, assimilar fatos, acontecimentos, dados e outros, praticamente ganha pontos no mercado de trabalho, sobretudo no ramo privado. A memorização de informações e de conteúdos técnicos passa a ser um diferencial e virou até tema de palestras, cursos, vídeos.

Nenhum advogado conhece com a precisão das precisões todos os dispositivos das leis do ordenamento jurídico. Nem todo poeta lembra de cor todas as poesias de sua obra e muito menos cantores com muitas canções. Esses são apenas exemplos da real profundeza do assunto e do vasto campo das informações circulantes pela rede e livros técnicos da vida em relação à memória. Mas alguém pode indagar: "Ah, mas isso é frustrante". Claro que é frustrante, principalmente em tempos de excessos de informações e de disponibilidade de tecnologias. Talvez mais frustrante ainda seja a ilusão de querer pensar poder tudo, diga-se, dominar tudo. Esse processo de dominação entre o mundo das informações, das linguagens, dos símbolos causa naturalmente a impossibilidade de as pessoas não serem capazes de assimilar boa parte do que se tem disponível. No momento em que o ser humano aprender a lidar com as limitações do cérebro, com as limitações biológicas do corpo e da idade e com a necessidade de aprender com o outro, a trabalhar em equipe, bem como a entender as diferenças naturais entre pessoas e culturas e as diferenças morais entre cada pessoa, será possível começar a preencher alguns vazios causados pela forma de viver da sociedade, pois a inteligência existe para gerenciar os limites, as virtudes, a tecnologia.

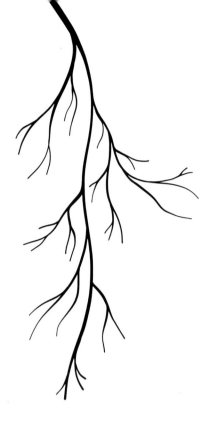

NA PRESSÃO

As pressões são várias durante o dia a dia. É pressão para pagar, para receber, para fazer a coisa certa, para cumprimentar, para falar, para exigir, para ser exigido, para ouvir, para trabalhar, para cobrar, para os sociais, para ir a festas, para ir aos encontros, para se vestir, para namorar, para dar satisfações, para mandar tudo para aquele lugar. Este último se dá com a aproximação da explosão. Percebeu-se, nos exemplos, que há duas dimensões da pressão: a externa e a interna. Talvez a segunda seja até mais pesada que a primeira, pois muitas vezes a exigência pessoal, a interna de nossos corações para "não errar", seja mais difícil de lidar. "Eu não posso errar. Tenho de demonstrar segurança". A pressão do fazer a coisa certa é natural. Quem quer errar por errar? De forma geral, ninguém quer errar, a ideia é acertar sempre. Os seres humanos desejam construir para evoluir. O problema da palavra pressão é a entrada na seara de tantas atividades, pequenas, médias e complexas, as quais criam um verdadeiro maremoto de ações que quase sempre, sem perceber, trarão consequências para a mente e para saúde.

O movimento da vida, combinado com a inteligência, dá o tom para lidar com maestria no que diz respeito a esse cotidiano multifacetado de cada pessoa. Os seres humanos são indivisíveis, há uma unidade entre o mundo material e espiritual para viver nesse universo circular do dia a dia. Não dá para dividir o ser humano em partes como no filme *Frankenstein*, no caso, o lado profissional, o lado da família, o lado dos amigos. Por mais que teorias e mais teorias afirmem ser possível seccionar o ser humano com frases do tipo: "Deixe seus problemas em casa e vamos trabalhar". É possível? E se a pessoa estiver com alguém enferma na família, ou se há algum problema conjugal em casa, ou se algum filho passa por problemas psicológicos, como poderá ficar isenta? Os exemplos são muitos e quer queira ou não afeta a unidade. O ser humano é uno para lidar com essas pressões e para viver a própria vida.

Se não bastassem as pressões do trabalho e outras regulares, ainda há uma interessante: a obrigação de ser feliz. Será que a pessoa está preparada para ser feliz ou ser merecedora desse grande detalhe da vida? E haja pressão. Rigorosamente a "obrigação de ser feliz" já é um indício de caminhar para a não felicidade. "Por que é importante lutar a todo custo para ser feliz?" Frase de efeito como diz a letra de uma música e também se atesta em diálogos de filmes ou se depara na voz de palestrantes pelos auditórios da vida.

Em uma pesquisa sobre o tema "ser feliz", foi perguntado para várias pessoas se eram felizes. Elas responderam, mesmo com as dificuldades da vida, diante da falta de dinheiro e bens materiais básicos, da dificuldade de usarem o transporte urbano, das dificuldades com o clima, da falta de importantes itens da necessidade básica, com a falta de saneamento na rua de suas casas, entre outros, serem felizes. Mas como podem ser essas pessoas felizes, ainda sorrirem durante o dia, se quando chegam em casa sequer há água potável para tomarem confortavelmente seus banhos para manter as condições de asseio dignas de um ser humano? Pois bem, dentre as várias possíveis explicações para o fato, mesmo com a resignação, infelizmente sem os instrumentos materiais para suprirem o mínimo de uma vida digna, há algo superior que as motiva a simplesmente estarem vivas para assistirem ao sol raiar, para respirarem o oxigênio, depararem-se com os pingos da chuva, de conviverem com seus semelhantes que padecem da mesma angústia. Há sim algo superior para conseguirem perceber o que vai além da palavra esperança. Essa significação de fato permite o equilíbrio entre o mundo material e o mundo espiritual para sobreviverem com a convicção e a fé de um dia conseguirem o que para uns pode ser pouco, muito pouco porque é o básico, mas para elas é o suficiente, pois há esperança de um dia conquistarem. E, talvez, isso seja motivação, mas há outro dado importante, a possibilidade de estarem juntos, tanto nas famílias como com os vizinhos e em comunidade.

Estar convicto na esperança e na alegria de conviver com pessoas próximas da família ou em comunidades, na maioria das vezes, de forma simples, pode servir bastante ao calor emocional do coração. O vazio tende a ficar para trás e uma simples conversa ao pôr do sol no final da tarde regado a um bom café ou copo d'água com pessoas amigas já define, pelo menos em parte, o resultado da pesquisa para ser feliz. Vestir a fantasia de carnaval e ir para avenida não é suficiente, mas é um detalhe dentro do universo complexo da felicidade. Lembre-se, existem mais 364 dias para serem vividos. É preciso dar um significado para a vida em uma perspectiva de futuro baseada no presente. É uma lógica interessante e óbvia contada pela literatura em obras de José de Alencar, Raul Bopp, Machado de Assis e muitos outros.

Converso com outros pacientes nos corredores, procuro me colocar no lugar deles, sobretudo para entender outros dramas tão comuns para aquela realidade hospitalar. Uns não aceitam a diabetes, outros se revoltam por estarem na mesma situação que eu, outros não sabem as razões de terem chegado ali naquele ponto da vida, outros estão visivelmente cansados de viver. Complicações à parte, a vida dos pacientes entra num turbilhão emocional por diversas razões, entre elas, a perspectiva de futuro considerando o grau das limitações. Aproveito para exercitar o verbo ouvir e ouço histórias interessantes pelos corredores. Ouço sorrisos, lamentações e a boa frase: "Hoje foi bom e amanhã será melhor".

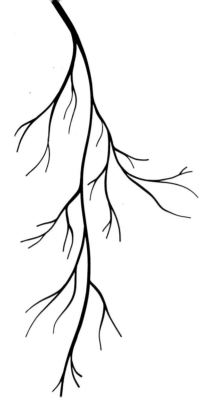

OUVIR

No meio do mundo da comunicação, as pessoas querem falar, dizer o que pensam e, em alguns casos, ficamos sujeitos a verdadeiras verborragias. Faz parte. É um turbilhão de verbos. No ato da comunicação, o cara quer falar, ela quer dizer, eles querem contar, todos querem afirmar, e tudo faz parte de uma panelada de palavras no emaranhado de uma teia comunicativa. É interessante tentar traduzir uma conversa com amigos – lembre-se da última – em que ideias e opiniões, sejam quais forem, foram debatidas, por exemplo, em um bar, restaurante, festividade. Há uma predisposição à conjugação dos tempos verbais no presente com sentido de passado e num passado sem precisão, para confirmar os posicionamentos de cada falante com o intuito de persuadir, de alguma forma, o outro. O tempo verbal e o tempo em si são meros detalhes, e o ouvinte tem de dar o jeito para perceber toda essa dimensão a fim de captar a intenção. É uma ginástica e geralmente consegue. Praticamente, perceba que todos já estivemos inseridos nesses contextos. No fundo, cada um tem lá seus mecanismos para "vender o peixe" e haja blá-blá-blá. E o mais incrível é perceber que quase sempre, nesse caos de palavras, falas e gestos, há compreensão geral entre todos, tendo por base outros aspectos da língua falada e da não falada.

Mas então vem a indagação: quem está predisposto a ouvir nessa imensidão de mundo comunicativo? Quem quer ouvir? Quem deseja ficar em silêncio ouvindo o outro? Realmente é preciso fazer um esforço sobre esse assunto – o ouvir. Esse ato de ouvir o outro durante uma fala, além de ser um ato de respeito e de consideração, é um ato de humildade, sobretudo diante do panorama em que se vive, ou seja, cada um quer falar, falar e falar. Agora, estar predisposto a ouvir é uma condição interessante e é preciso exercitar. É uma prática salutar em que todos podem sair ganhando com a fluidez da comunicação. Quem fala tem a responsabilidade em vários aspectos da lógica da comunicação, pois ali é a materialização do pensamento. Quem fala se compromete e quem ouve tem a oportunidade de refletir, perceber a intenção, prestar atenção nos detalhes.

Lembro-me muito bem de uma reunião com vários professores, educadores e técnicos para decidirem ações a serem desenvolvidas por uma fundação, em que eu era o assessor jurídico. A idade dos participantes era bem variada, entre vinte e setenta anos. No meio dos debates, percebia que uma das pessoas com mais experiência e, também, idade, coincidentemente, quando tentava se manifestar, era interrompida por falas, muitas vezes, sem desmerecer, fora de contexto. Toda vez que aquela pessoa começava a falar, era interrompida por atropelamentos típicos da ansiedade e falta de sensibilidade. Tentei pedir para ouvirem aquela pessoa, mas era grande a dificuldade dos participantes em entenderem que ali ninguém era dono da verdade e foi impossível fazer com que parassem para ouvir aquele interlocutor experiente. Resolvi cruzar os braços e deixar prosseguir as ideias dos participantes, a mesma escolha daquele homem que resolveu, diante das circunstâncias, também se calar para literalmente ouvir. Depois perguntei a ele qual o motivo de ter se calado e deixado passar no vazio sua contribuição significativa. "Viste como as pessoas discutem? Querem falar e, na ânsia de contribuir, se perdem". O tempo passou e a reunião acabou. Percebi que a ideia dele seria excelente, mas infelizmente a comunicação foi prejudicada. Notei que ele não fez muita questão de se manifestar depois de cinco tentativas de contribuir naquela reunião. Paciência, algo se perdeu no ar. Faz parte da vida e da sabedoria.

O exercício de ouvir é fundamental e pode ser um excelente aprendizado para enfrentar várias situações durante a vida. Pode interferir nas vidas pessoal e profissional. Pensar antes de falar, eis a questão. Muitas vezes, com a ansiedade e a velocidade das falas e mais falas, passamos da conta. Também pudera, é preciso pensar, e escolher, e decidir no meio de pressões em que o "pouco tempo" é a justificativa para a realização de trabalhos apressados, imagine para equilibrar o bom juízo para manter a calma e a fala? É quase um dilema, mas não é impossível tentar aquietar a mente para refletir, principalmente quem consegue aprender a ouvir mais do que simplesmente falar.

Entre tecnologias e aspectos psicológicos no cotidiano, escolher palavras e saber o momento certo de falar e de ouvir requer prática e tempo. Cada um terá seu momento para se manifestar, mas sempre será significativo obedecer a importância dos tempos, o *timing* para dizer o que pensa e a hora certa para ouvir. Observar isso no comportamento das pessoas, no caso, perceber esse processo de comunicação entre as pessoas no exercício de falar e de se calar nos momentos certos, já é positivo e pode ser um diferencial. A predisposição à comunicação entre duas ou mais pessoas já é o primeiro momento, como dizia Aristóteles, ao encontro dos espíritos. Isto é, quando um quer falar, o outro deve estar disposto a ouvir, senão não ocorre a comunicação. Então ouvir requer treino, uma prática. Talvez nem tão difícil quanto falar, mas tão necessário para a compreensão, análise e reflexão. Ouvir e avaliar criticamente e de forma sensata é prática considerável para se construir relações melhores e mais saudáveis.

E o hospital já me faz acostumar com a rotina de ter os remédios na hora certa, das refeições equilibradas, dos fisioterapeutas, da visita dos médicos. Isso vai terminar em breve. As dores por mais naturais não me deixam esquecer o que houve. Não é só o fato de estar no hospital que me fará tentar mudar a perspectiva de vida, mas esse processo, felizmente ou infelizmente, começa literalmente com a dor da carne. Penso: "Não quero passar por isso novamente. Quero evitar tudo e há solução". Incrível, o tempo passa depressa, já estamos em julho e nem sei a razão de ter a impressão de o ano estar acabando. Mas, já dizia Cazuza, "O tempo não para". Vou deixar fluir e, como dizia a letra de outra música de um grande compositor, músico e astrólogo, Luiz Cláudio Muniz, "Apenas deixar acontecer".

TECNOLOGIA E O PODER

E mais um dia se vai e vamos esperar o novo. Logo de manhã cedo vejo funcionários levando, de um lado para o outro, grandes máquinas do hospital. Não dá para identificar sob meu leigo olhar qual geringonça era aquela. Então penso no transcorrer da vida, nas mudanças constantes trazidas pela tecnologia. São muitas mudanças, desde pequenas até maiores. A interligação do mundo via internet é um exemplo clássico, tem-se a impressão de as coisas e as pessoas estarem mais perto, por mais paradoxal que seja. Outros exemplos estão ali, na minha cara. Dia desses, cirurgias eram realizadas com protocolos e procedimentos bem diferentes dos atuais, com cortes, anestesias complexas e tudo mais. Atualmente, com a laparoscopia, algumas cirurgias são feitas com leves incisões na pele. As câmeras, os monitores em vídeo e os computadores dão a segurança necessária aos médicos para realizarem procedimentos. A máquina a serviço do homem. É impossível não pensar na evolução da tecnologia também no cotidiano, por exemplo, da dinâmica evolução dos automóveis, dos aviões, das telecomunicações, da arquitetura e muito mais. Agora pense bem, da invenção da roda até o barco a vapor, foram milênios. Do barco a vapor até o avião, o tempo ficou menor. Do avião até a chegada do homem à Lua, menos tempo. O que será que está acontecendo? Será o homem ou o tempo que mudou repentinamente, se considerar a história da humanidade e os avanços da tecnologia?

Como disse acima, a tecnologia é um avanço e a princípio deve servir ao homem. Hoje os carros são verdadeiras máquinas tecnológicas, ou seriam meramente "armas tecnológicas"? Os carros estão mais velozes, mais confortáveis, mais confiáveis e, a priori, com mais artefatos de segurança. Isso é fato. Ao mesmo tempo, essas máquinas fazem do homem o condutor dessa tecnologia justamente para ajudá-lo a se locomover no maior espaço possível com o menor tempo e mais conforto. A equação é mais ou menos essa. Pois bem, quando os parâmetros de velocidade e a engenharia das pistas eram outras, isso há bem pouco tempo, tinha-se a impressão de se locomover em alta velocidade de 80 a 100 quilômetros por hora. Era incrível essa marca. Lembro-me de os carros chegarem até a tremer ao atingir aquela velocidade. Observar a estrada das janelas dos veículos com aquela velocidade era incrível e como passava rápido. Tudo muito rápido. E hoje com os novos carros? O que são 80 quilômetros por hora? O que são 120 ou 150 quilômetros por hora? O condutor do veículo praticamente nem sente a pressão da velocidade. Dirigir a 80 quilômetros é praticamente uma lentidão, tendo como parâmetro algumas estradas brasileiras. A tecnologia deu ao homem a capacidade de se tornar um quase super-homem. Deu a ele o poder para ir e vir não mais montado em cavalos, mas sentado em máquinas confortáveis que podem ajudá-lo com a falsa impressão de superação do tempo.

Os automóveis, em especial, exercem um poder incrível nas pessoas. É um dos maiores, se não o maior, símbolo do poder das relações de consumo. O cidadão pode estar endividado até os dentes, mas se o carro dele estiver no rol dos automóveis considerado pelo preço, design e tudo que vem a reboque para valorizá-lo, então aquele "cara" será visto com outros olhos por boa parte da sociedade. Quer queira ou não, há um certo fascínio construído pelo marketing em torno dessas máquinas. O cinema contribuiu muito para esse fascínio. Simbolicamente há interligação entre o carro, poder e sexo. Os livros e os filmes incentivaram bastante essa ambiência entre as pessoas e a força dessas máquinas. É tão forte o magnetismo entre carros e pessoas que até as conquistas amorosas se tornaram mais fáceis quando existe um modelo de automóvel valorizado. O design e o ronco do motor dão a senha para a construção da imagem viril da relação entre o lobo e o cordeiro, numa espécie de relação ilusória entre o forte e o fraco, em que o forte tem e o fraco não tem.

Mas é preciso ter cuidado para que a tecnologia e suas facilidades no dia a dia, não deixem de favorecer quem as criou, ou seja, o próprio ser humano. Equilibrar ações, logística (tecnologia) e tempo é exclusividade de homens e mulheres. Parece até incongruência, pois a inteligência tem o papel de ajudar, contribuir e tornar a vida mais fácil. É assim há milênios, desde a pré-história, quando soluções eram criadas ou encontradas para facilitar a sobrevivência. Agora perceba, então, a mobilidade urbana e a tecnologia do trânsito, dos veículos, das aeronaves, dos trens e metrôs, da internet, dos celulares e muito mais, tudo inventado para ter utilidade no cotidiano, para facilitar a vida, mas será que ajudam mesmo ou as pessoas estão perdidas nesse filme de protagonistas quase sem coadjuvantes?

E de tanto pensar em automóveis, que sonhei dirigindo um pelas ruas de Belém. Sonhar com automóvel, segundo os estudiosos sobre o assunto, tem uma representação interessante. Dirigir o próprio automóvel num sonho representa a nossa vida e que depende de nós. Olha a questão do poder, no caso, outra significação do termo poder. Só que estava sozinho, dirigindo o carro pelas ruas de forma quase contemplativa. É como se tudo aquilo se transformasse no desejo de independência, pois, os caminhos, eu escolho aonde vou da forma como quero ir, ou seja, deslocar-me até os lugares a partir de minha decisão. O controle está em nossas mãos quando se dirige sozinho um automóvel. É o desejo pela independência. Era a percepção da necessidade de independência vindo gradualmente no tempo certo diante do quadro de recuperação no qual me encontrava. No sonho, não era à toa que estava num engarrafamento em alguns momentos. Enfim, para conhecimento dos leitores a respeito desse sonho: o carro/automóvel físico representa o corpo e nós, dentro do carro, representamos a alma (estado da alma). A gasolina é a energia, a capacidade de ter força. O metal da carroceria representa nossa aparência exterior. O volante, obviamente, representa o controle. Os freios representam a vontade. A parte elétrica é a inteligência, e os faróis, nossa capacidade de visão das coisas, isto é, fatos e circunstâncias em que estejamos envolvidos direta e indiretamente. A situação é simbólica, mas tem significados bastante coerentes com a realidade. Não é o fato de acreditar em informações do tipo, mas apenas de entender a linguagem e fazer as conexões pertinentes.

É o caso da Astrologia. Não é preciso acreditar em Astrologia. Não se acredita em linguagem. A Astrologia é uma linguagem milenar, desde antes de Cristo. O conhecimento empírico do homem vem de séculos e até hoje, por exemplo, no interior da Amazônia, o simples camponês ou ribeirinho se utiliza do movimento dos astros, como a Lua e o Sol, para perceber qual o melhor período para a colheita e a cópula dos animais. Alguns mais profundos percebem, com a Lua Cheia, quando uma pessoa vai surtar ou começar a ver "cabelo em ovo", sobretudo quando há questões hormonais envolvidas.

Só para se ter uma ideia, os três Reis Magos eram astrólogos, apesar de alguns, no decorrer da história, teimarem em chamá-los de astrônomos, algo que também eram. Seguiram as estrelas e um cometa para descobrirem a direção e a localização exata do Menino Jesus a fim de prestarem as homenagens ao novo Rei e, também, realizarem as oferendas tradicionais daquela cultura. Hoje, com o avanço das Ciências como Astronomia, Física, Matemática, Física Quântica, Biologia, entre outras, tendo como apoio o conhecimento milenar das fases dos planetas com o uso das efemérides, o conhecimento astrológico pode ser um grande auxílio aos seres humanos. Os planetas se movimentam em torno do Sol. Cada um ao seu tempo interfere, de fato, comprovadamente, na relação energética, numa espécie de bolha de energia em torno do Sol e compõe o sistema solar, isto é, somente no que se descobriu até o momento. Bem, esse conhecimento existe, é preciso desenvolver mais e mais. Estudar muito para entender tal dinâmica entre o planeta Terra, os seres vivos e os demais planetas que compõem o Sistema Solar. Isso, em hipótese alguma, deixa de lado a representação maior de Deus no coração das pessoas. Pelo contrário, com os estudos astrológicos, Deus existe de forma incrível, oportunizando a cada um o que de melhor existe – a evolução individual. Deus está representado de fato no mapa natal de cada pessoa, Ele permite as transformações naturais durante o tempo para o desenvolvimento e a percepção da vida.

A Astrologia utiliza o conhecimento de outras Ciências, no caso, de cálculos, percentuais, estatísticas, fatos e muito mais, para a montagem de mapas astrais. São cálculos, números e posicionamento dos planetas, utilizando, em alguns casos, recursos científicos. A partir da observação e da experiência de vários astrólogos espalhados pelo mundo, muitas obras já foram escritas e desenvolvidas a fim de servirem de parâmetros para discussões mais aprofundadas e, também, como base para análises astrológicas mundiais em congressos, simpósios e encontros.

E eu ali na cama, calculando quando poderei ter alta. As cicatrizes estão secas, parece que tudo está em ordem. A glicemia, pressão, temperatura também estão em ordem. Converso com o médico e ele pensa em me dar alta, talvez, dia 13 ou dia 14 de julho. Maravilha, dia 14 já está no cronograma, mas dia 13 é um dia antes do previsto. Essa Lua Minguante foi melhor do que esperava. Foi a primeira vez que senti na pele os benefícios de uma cirurgia considerando os aspectos astrológicos. Fiz muito isso para outras pessoas e deu tudo certo. Já fiquei mais animado, não pelo fato da alta, mas pelas boas considerações do médico em relação ao meu estado de saúde.

Por volta das 16h, levantei-me da cama para dar uma volta pelo hospital. Andava calmamente pelo corredor, olhando os detalhes e lembrando a época em que acompanhava meus pais nos hospitais da vida. Foram períodos intensos, mas também de muita solidariedade dos familiares e amigos próximos. Nessas horas é que dá para perceber o quanto a vida pode ser recompensadora e vivida de forma otimista. Essa opção individual de dar e receber, literalmente uma via de mão dupla, quem faz é cada pessoa ao estender a mão para ser correspondida. É o típico diálogo sem palavras em que o gesto e o olhar podem falar mais do que muitas palavras.

Bem, quando estava saindo do quarto, resolvi voltar para buscar alguma coisa e bati com o pé, mais precisamente dois dedos, na quina do rodapé do quarto. A dor foi aguda, fulminante, uma volta e meia ao redor da Lua e, inevitavelmente, vem à boca um inevitável "puta merda, caralho!". E olha que meus pensamentos estavam todos saudosos, positivos, alto-astrais, uma contradição entre fato real e vida ideal. Com pouco tempo, foi amenizando aquela dor intensa e a adrenalina reduzindo. Pensei: se eu voltei ao planeta Terra, ou seja, nasci de novo, significa que tenho de aprender de alguma maneira o valor das coisas e o sentido da vida. Reconhecer meus limites, tudo bem, já tenho, em parte, essa noção. Saber o certo e o errado, idem. Mas sei que ainda preciso aprender muito sobre agir positivamente com os mínimos detalhes, principalmente com uma simples e dolorosa topada. Naquele dia, foi apenas uma topada, no outro pode ser uma pedra no sapato, no outro areia na paçoca, no outro um cisco no olho.

Vamos viver e "vamos que vamos". Observo no corredor um casal jovem. A mulher estava grávida e com semblante de dor misturado com angústia. O marido tentava acalmá-la, passando a mão nos braços dela, e proferia palavras de tranquilidade. Amar é isso mesmo, essa dedicação transformada em responsabilidade com o outro é apenas um dos detalhes do milagre do amor. Digo milagre porque realmente é um milagre capaz de transformar vidas. Pois então, quando se está casado ou namora, no dia do aniversário da pessoa amada, é fácil dar um presente, comprar algo àquela pessoa do coração, a pessoa amada. Isso é bem comum e faz parte da etiqueta tradicional, talvez, mundial, numa espécie de tradição cultural de "ratificação do amor". Alguns poucos vinculam a intensidade do amor ao valor do presente, mas isso é outra história. Mas será que o amor vale um presente ou somente a lembrança de desejar felicidade para comemorar a vida a dois? Os detalhes são os detalhes como falamos acima. Esses detalhes, numa relação conjugal, podem dizer muito mais do que um presente na equação entre o respeito e o amor, numa espécie de equilíbrio entre a consideração com o outro e, simplesmente, a conjugação diária do verbo amar. Amar, para se ter uma ideia, é uma coisa e respeitar é outra, ambas estão numa relação direta de validação ou não na capacidade de se viver o amor com certa plenitude. Exemplificando, uma coisa é comprar um presente e dar à pessoa amada numa data comemorativa, outra é, durante a convivência a dois, agir elegantemente, solidariamente e respeitosamente com quem se ama. Esses últimos detalhes, no caso de serem desconsiderados, podem virar uma bola de neve e se transformar em crise. Observe esse exemplo: um vai à geladeira tomar um copo d'água, não custa nada perguntar ao outro se quer alguma coisa da cozinha ou, até mesmo, também, um copo d'água. São essas pequenas considerações diárias, simples, educadas e elegantes, que geram bons significados e admiração. Nunca uma separação se dá apenas por um estopim, geralmente, é um elenco de situações construídas há tempo. São justamente os detalhes que minam e ajudam a desconstruir algo maior, sobretudo se não houver a conscientização de um casal em manter a constituição da célula familiar com a preservação do respeito e do amor.

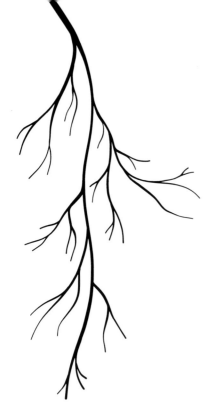

AMOR ESTRANHO AMOR

E o amor ou, digamos, os amores são vários. Há vários tipos de amor e de demonstração desses amores. Jesus disse: "Amai-vos uns aos outros" e Ele não disse gostai-vos uns aos outros. O sentido é bem diferente em cada caso, mas o que Jesus quis dizer, com todo respeito, em meu ponto de vista, é o amor em sentido maior, justamente aquele incondicional e eterno, relacionado fortemente à palavra respeito. Isto é, respeitar o outro na condição de ser humano no exercício de sua dignidade. Como o amor entre um casal sobreviverá à falta de respeito? Nada sobrevive à falta de respeito. E com o tempo o amor se estabelece entre o ato de precisar um do outro, de sentir necessidade do outro pelo simples fato de amar aquela pessoa. Mais ou menos eu preciso de ti porque eu te amo. E não o inverso.

Os gregos foram sábios ao dividirem o amor em sete partes: *philautia* (amor por nós mesmos), *pragma* (amor baseado na dedicação e em algo maior), *ludus* (amor na alegria, diversão e sem compromisso), *eros* (amor ligado à paixão, desejo e romance), philia (amor ao próximo, parentes, amigos), *storge* (amor de pais para filhos) e ágape (amor universal para com todos os seres vivos e em fazer o bem). O problema, isso os gregos já tinham ideia, era confundir os sentimentos entre os vários amores como haviam dividido. A literatura universal conta essas confusões de sentimentos relacionadas ao amor e amizade.

Inexplicavelmente, não sei a razão, me vem novamente à cabeça a música "Dando milho aos pombos", do compositor Zé Geraldo. "E tudo isso acontecendo e eu aqui na praça dando milho aos pombos". Letra incrível para refletir sobre a zona de conforto, o conformismo, os pombos e os milhos arremessados. Faço logo a conexão a uns dias em que tive a oportunidade de conhecer Buenos Aires e, na frente da praça onde fica a Casa Rosada, repleta de pombos gordos incrivelmente bem alimentados e palco constante de manifestações populares reivindicando políticas públicas, lembrava essa música. O povo, digamos, algumas categorias ferrenhas e sedentas por direitos e mais direitos, vai às ruas lutar e protestar por causas e interesses. No meio de uma grande manifestação observava a reação das pessoas. Eram fazendeiros, produtores de hortaliças e agropecuários reclamando dos preços de seus produtos na fonte. Diversas eram as cores em destaque, em marcha literal ao som de tambores e palavras de ordem. A Argentina estava em uma crise econômica profunda e dava para sentir a pressão do clima no semblante das pessoas, desde o simples trabalhador até os empresários locais. Fazer política é justamente saber lidar com as diferenças e com o diálogo para atingir a uma convergência ou não. É uma espécie de prática gradual do regime democrático que rigorosamente deveria ter início na educação dentro de casa na relação com os pais, irmãos, parentes e afins. E quem vai dar milho aos pombos?

Voltando ao assunto casamento, relacionamento amoroso, a arte de se relacionar. Quem em sã consciência ousa pensar que em uma relação amorosa sempre haverá concordância e convergência para um mesmo ponto de vista? A não ser que a relação seja baseada no medo, na intimidação, na violência, na pressão desrespeitosa. Discordar faz parte daquele velho ditado quase desconhecido sobre o amor: "Se queres crítica, case-se. Se queres elogio, morra!". A relação, como dizem alguns, nunca será uma loteria ou jogada de sorte. O ato de se relacionar é algo maior e requer maturidade de ambos os lados para saber aceitar ou refutar com diálogo e respeito. Quando uma das peças desse quebra-cabeça, bastante óbvio por sinal, não deseja o diálogo e prefere outras formas de se impor, inevitavelmente é a decadência da relação até prova em contrário. Para alguns, o desgaste é inevitável, alimentado justamente pela falta da observância dos pequenos detalhes entre (nós) os dois, mais ou menos como diz a letra da música do Roberto Carlos.

Durante o relacionamento, acontecem conversas, debates e possíveis discussões saudáveis sobre os mais diversos assuntos. Cada um tem uma história, experiência, exemplos, inspirações e vivência que vêm desde as primeiras infâncias, sobretudo durante a fundamental formação da personalidade. Alguns tiveram bastante brinquedos, outros tiveram poucos brinquedos, outros tiveram o brinquedo da hora, outros tiveram de criar as brincadeiras e construir os brinquedos, são vários exemplos para demonstrar o resultado, em parte, na fase da adolescência e na fase adulta. Cada caso representa uma experiência transformada em conhecimento para se conduzir a vida. No meio disso, inevitavelmente, o aprendizado pode se concretizar a partir de não e sim, de aspectos positivos e negativos, com autoafirmações e frustrações. Tudo no campo dos possíveis, pois nem sempre as pessoas se encontram tão aptas a aprenderem com as dificuldades e as pancadas durante a vida.

Assim, as histórias de vida deixam as marcas na personalidade de cada pessoa. Saber interpretar os sinais marcados na consciência e na pele do rosto pode ajudar a se entender na dinâmica da vida. Enquanto para uns não ter o brinquedo do momento ou não ter dinheiro para comprar algum objeto de desejo pode ser o final dos tempos e, com isso, representar a mais forte das frustrações, para outros, o contrário, receber ou se contentar com o que tem pode representar mais do que o simples ter pelo ter, mas com a garantia de se satisfazer com o que tem disponível naquele momento. É mais ou menos a história contada no livro *O Conde de Monte Cristo* de Alexandre Dumas, em que o personagem rico tem tudo e mais um pouco e o pobre tem muito pouco, porém se satisfaz com muita alegria com o pouco que tem. A inveja do rico pela felicidade do menos provido materialmente é tamanha que somente ao ler o livro se terá a dimensão desse sentimento, sobretudo com a possibilidade de mergulhar numa das histórias mais criativas e incríveis da literatura mundial.

De uma forma ou de outra, as histórias de vida com todas as oscilações naturais se refletirão na relação amorosa e nas relações pessoais, em alguns casos, nos mínimos detalhes de agir, de falar, de se comportar, de acusar, de se defender. É perceptível observar como as reações das pessoas, considerando o texto verbal e o texto não verbal, ficam escritas na testa, um elenco de previsibilidades a partir do comportamento. Na relação a dois, algo significativo e bonito é a busca pela preservação do que foi construído durante o tempo, curto ou não, para preservar a base do amor.

Mas as diferenças existem e servem para ratificar o melhor dos seres humanos, serem bonitos justamente por serem diferentes e não necessariamente por terem um corpo bonito. E com isso, ditados como "Os opostos se atraem" escondem por trás o irreal, pois ninguém fica com o outro por ser oposto. Oposto é o contrário e direcionar esse fato a uma relação é querer demais. Obviamente que as pessoas se relacionam e aprendem a se gostar pelos pontos convergentes e não pelos "opostos". Tudo bem, nem tudo são flores e alegrias eternas numa relação, às vezes, até coincide torcer pelo mesmo time de futebol, mas pode acontecer o contrário, um ser Remo e o outro Paysandu. E aí, ferrou tudo? Claro que não. Às vezes pode ocorrer uma discussão mais emocionada entre o casal e ser difícil de se chegar a um consenso. E aí, acabou? E quando um fizer algo em desagrado ao outro, seria o fim do mundo? Bem, após uma conversa acalorada com pontos de vistas divergentes, decidir que um terá de dormir na boa e confortável cama e o outro no sofá nem tão macio como pensam seria a melhor solução, porque a cama, tão bela cama, não foi feita para os dois anjinhos?

Lágrimas e frustrações, durante o tempo, podem acontecer por diversos motivos. Há, durante esse aprendizado, tendência em se manter a admiração de um pelo outro, sobretudo na esperança de deixar acesa a chama da paixão e do amor. Mas vem a pergunta: "Quem consegue se manter intacto e inerte na vida, se são as mudanças que dão algo mais prazeroso e dinâmico?" Ninguém é a mesma pessoa para sempre. Impossível. As pessoas mudam com o tempo, diga-se, para melhor, na maioria das vezes. Um jovem de vinte anos pensa como um jovem de vinte anos, tem interesses e visão de vida para aquela idade. Uma pessoa de cinquenta anos tem uma visão e interesses bem diferentes da época da juventude, no caso, quando tinha vinte anos. Os interesses mudam, a visão de mundo e a forma de encarar fatos durante a vida se alteram, portanto, não dá para petrificar e permanecer intocável diante das transformações do mundo.

Nos relacionamentos amorosos, é natural querer o bem do outro. Desejar sempre o melhor para a pessoa que ama e vestir a camisa da vida a dois faz parte dessa poderosa plataforma para se construir uma vida juntos. Os percalços e as oscilações podem aparecer e vêm de diversas maneiras interferir no lado emocional do casal, exemplos: as finanças, a composição material, os filhos, a rotina, o cansaço, o bem-estar, a mídia, o trabalho, os amigos, a religião, a política, a locomoção, os parentes e alguns outros. É importante perceber a dimensão de se viver esse processo único em que cada pessoa faz parte da absorção individual da realidade delineada pelo cotidiano. Não dá para separar a pessoa em partes como já vimos anteriormente. Somos uma unidade para viver o cotidiano, pois temos de aprender com o tempo a interpretar as coisas que vêm do mundo e invadem nosso templo, nossa casa.

Sento num banco na frente do hospital e há movimentação de gente desde as primeiras horas do dia. Mal o sol brilhou e trabalhadores das mais diversas áreas saem dos ônibus em busca de seus sustentos na batalha diária, cada um defendendo o seu. É preciso colocar comida em cima da mesa e lutar pelo ganha-pão no dia a dia. Com o passar das horas, o trânsito fica mais intenso, nervoso e mais tenso pela pressa de chegar aos destinos, em especial, alguns estudantes ainda disputam espaço em direção às escolas públicas.

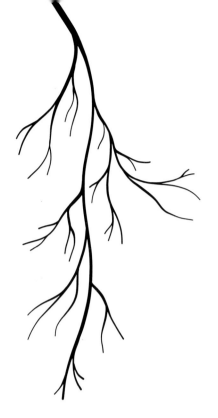

RUAS

Espaço de Ninguém
Da obra Só Veneno do Álibi de Orfeu

Ruas
No presente e do passado
Pedaços do meu ser

Esquinas
Faróis e bares da viola
Divãs de todos nós

Espaço de ninguém
Anarquia e respeito
Por onde quer que seja
Espaço de ninguém

Becos
Sujos, marcados e pichados
Em qualquer lugar

Cidade
Árvores de pedra
Cortinas desbotadas sem olhar pra ver
(Ouça em: https://www.youtube.com/watch?v=8f2BTU0p250)

A rua é a oportunidade de se deparar com diversos tipos de mensagens, linguagens e movimentos. Lá estará, para boa parte das pessoas, a vida profissional, os contatos, os relacionamentos, a relação com os governos, os perigos, os prazeres e muito mais. Mas o que acontece nas ruas induz o ser humano a obter vários olhares, e em alguns casos, pode se deixar levar pela repetição antagônica da própria essência pessoal que sempre defendeu. É induzido ou condicionado a partir da mera repetição de fatos, ações, imagens e símbolos expostos nas ruas em uma construção da "normalidade", conforme o comportamento das pessoas e da imposição organizada e sistemática dos canais da mídia. Enfim, é como se a apresentação de imagens articuladas se traduzisse em normalidade depois de tanta exposição. Exemplos clássicos disso podem se manifestar na mera banalização da morte e do sexo. Se o mundo chegou a ficar dessa forma, não seria apenas o fato de aceitar passivamente essa normalidade, mas de aprender a lidar com o bem e o mal no equilíbrio de uma corda chamada de razão. Por exemplo, constatar e refletir sobre um fato/acontecimento materializado no chão de uma calçada ou asfalto quando se depara com alguém morto e aquela cena trágica comumente entregue a um contexto de normalidade, é reflexo desse contexto. É como se a violência ou o fato de ser violento fosse tão normal e banal quanto ir até ao mercado da esquina e observar uma mangueira cheia de frutos no caminho. Será que chegamos nesse ponto?

E no meio do mundo de imagens em movimento, informações e muitas complexidades, as ruas ocupam um lugar estratégico nas cidades para deixar cada pessoa livre para ir e vir. A rua é um verdadeiro palco de todos, ela é livre, ela é o espaço mais anárquico de uma cidade. Ela é tão anárquica que serve para andar, pular, correr e fugir. Serve para olhar, apreciar e admirar. Serve para dar passagem e ver a banda passar. Serve para marchar, reivindicar e protestar. Serve para namorar, cantar e se emocionar. Serve para chegar, aparecer e ir. Serve para os encontros e desencontros. Serve para discutir e debater. Serve para ofender e ser ofendido, até para brigar. Serve para beijar e, para os mais desesperados, serve até para transar. Serve, inclusive, para assistir acidentes e, infelizmente, tragédias.

Um dia perguntei ao meu pai se quando ele morresse, quisessem homenageá-lo com o nome dele em alguma rua, o que achava. Ele pensou, sorriu, bateu no meu ombro e disse: "Prefiro não ser nome de rua nenhuma. Já imaginou o pessoal cuspindo, mijando e alguns vomitando nessa rua? Fui ali na Meirevaldo e vomitei!". Essas conversas sempre tinham duas conotações: mundo real e humor. Ele tinha um humor bem característico e leve nas coisas. Discutíamos abertamente todos os assuntos, desde política, literatura, música, arte, teatro, livros, academia científica, exercícios físicos, nutrição, até assuntos do conhecimento, os metafísicos e, também, os espirituais religiosos. Se bem que esse último não era bem o que ele apreciava, pois morria de medo de ver espíritos ou aparições de fantasmas. Isso se transformava sempre em comédia na família. E pelas circunstâncias da vida, um dia ele faleceu alguns anos após minha mãe. Foi vítima de uma bactéria muito violenta depois de uma contaminação hospitalar no tratamento emergencial de embolia pulmonar ocasionada por uma forte gripe. Deixou um legado enorme aos filhos e amigos. Ensinamentos e mais ensinamentos com muita sabedoria no que ele tinha de melhor: inteligência, cultura, simplicidade e humildade, típico de pessoas especiais que contribuíram com a sociedade e centenas de alunos para a transmissão de sabedoria e conhecimentos à vida. Há uma escola no interior do Pará que o homenageia com o nome de Escola Municipal de Ensino Fundamental Professor Meirevaldo Paiva, no município de Santo Antônio do Tauá, e também um Centro de Informação Professor Meirevaldo Paiva, da Prefeitura do Município de Belém, uma biblioteca referencial em tecnologia e pesquisa de assuntos do município de Belém. Duas homenagens incríveis à memória dele que só tenho a agradecer.

E continuo evoluindo positivamente em minha recuperação. Uma dorzinha aqui e outra ali não são capazes de tirar o bom humor. Confesso que sorrir, apesar do clichê, é um remédio. Faz um bem enorme. Às vezes estou tranquilo e vem alguma situação hilária e as risadas fazem bem.

Em minhas caminhadas, observo tudo silenciosamente. Olhar o que acontece no cotidiano do hospital é bem interessante para perceber os encontros de empatia espiritual entre enfermos e profissionais da saúde. A energia é grande, mesmo para quem não consegue perceber, com o objetivo de todos, evidentemente, a cura. Se pensar bem, a responsabilidade de viver é tanto de quem tem o poder para proporcionar a cura como do próprio enfermo. Ambos precisam perseguir e desejar o mesmo objetivo para conseguirem resultados. É um jogo em que todos podem sair vencedores. Quando se está em recuperação, a ideia principal é quando se terá alta. Só me resta repetir o velho mantra: "Paciência e equilíbrio. Tudo vai dar certo". Então é só esperar.

Os gregos já diziam "Corpo são, mente sã", a tentativa de equilibrar a saúde da mente com o corpo. Eles acreditavam que sem saúde não dá para se conseguir o equilíbrio necessário para pensar de maneira saudável. Com o corpo saudável, a mente conseguirá trabalhar. Essa é a lógica, mas vem a pergunta: "Como conseguir isso inserido em um tipo de sociedade cada vez mais imediatista, superficial, insensível?". Nem é preciso tentar responder, porque as razões são várias e históricas, mas é importante questionar: quer dizer que somos obrigados a nos vestir de sociedade contemporânea para vivermos dessa maneira em prol dos outros ou de nós mesmos? É preciso escolher. Exatamente, a velha luta da escolha entre aceitação ou não aceitação. Um drama da guerra entre a liberdade de ser independente e toda sorte de imposição fabricada.

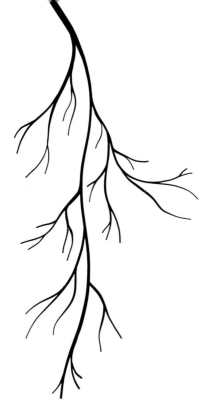

EXEMPLOS

Com a TV ligada, vejo uma reportagem interessante de um homem simples, desempregado que, ao achar uma carteira cheia de dinheiro, resolve entregá-la ao dono. Lá constava identidade e número de telefone do proprietário. Pronto, este é um fato tão inusitado que foi transformado em acontecimento pela mídia – a honestidade. Nossa! Existe gente honesta! Como pode um desempregado, necessitado do vil metal, devolver uma carteira naquele momento ao legítimo dono? Não seria melhor retirar o dinheiro e jogar a carteira no lixo? Pois então, a escolha foi diferente, sobretudo em tempos atuais em que vale o momento.

Pensar nos outros? "Sou mais eu e o resto que se exploda!". Esse raciocínio fatalista distancia a maior parte das pessoas da essência da realização do bem. Fazer o bem e buscar o lado positivo é a regra entre os homens e não a exceção. A evolução é um processo, porém acontece de forma gradual de acordo com o estado de consciência individual e coletivo. A ação positiva daquele trabalhador desempregado não permitiria o contrário se não fosse a devolução da carteira e do dinheiro ao legítimo proprietário. E se ele resolvesse fazer o contrário e ficasse com o dinheiro, provavelmente proveniente de um mês de esforço da força produtiva de outra pessoa? Será que ele conseguiria ter a tranquilidade suficiente de gastar algo que não seria dele? E se encarar no espelho depois ou se levantar a hipótese, por exemplo, de contar a algum parente ou amigo bem considerado? Imagina só: "Mãe, a senhora nem imagina. Encontrei uma carteira cheia de dinheiro na rua. Sabe como é, achado não é roubado. Muito dinheiro, mas a carteira tem a identidade do proprietário e ainda tem o número de telefone. Fico ou não fico com essa grana?". A resposta fica por conta do leitor, lembrando que mãe é mãe.

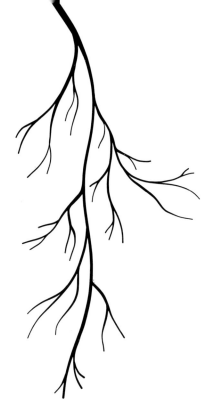

A PRISÃO DOS ADJETIVOS

Os elogios à conduta ética desse personagem brasileiro típico da simplicidade de sobreviver com dignidade merece vários adjetivos. E o adjetivo acaba sendo outro detalhe importante para as vidas e para a autoestima. Convenhamos, um elogio bem-feito, contextualizado e de reconhecimento por uma ação realizada faz bem à autoestima. Mas há outro aspecto relevante sobre os adjetivos elogiosos, acabam sendo verdadeiras prisões. Imagina as seguintes frases: "Você é linda", "Você é fantástico", "Você é bom no que faz", "Parabéns, você é um exemplo a ser seguido". Preste bem atenção em cada um desses elogios e imagine tais situações sob o prisma da psicologia inata em cada ser humano. Se disserem que você é linda, será possível deixar de ser linda durante a vida? Como você poderá deixar de ser fantástico ou um exemplo a ser seguido depois de ouvir tais considerações? Os elogios acabam criando uma verdadeira redoma e à sombra daquele circunspecto terá de viver sob aquela égide. E como será a partir de então, a pessoa poderá deixar de ser um exemplo? Pois, então, fugir dessa redoma ou, como alguns preferem, prisão, pode ser um drama se a vida for encarada de forma rígida demais ou até sem um norte a ser seguido. A obrigatoriedade de se ter de fazer algo ou ser representativo de alguma coisa depende bastante da maneira como cada pessoa lida com o ego e encara a vida em vários aspectos. O ser humano está em evolução, portanto, há o desejo natural de querer melhorar. E um elogio pode até fazer bem para a autoestima, mas no fundo cada um sabe onde se encaixa cada palavra na personalidade.

E nesse processo de ser melhor e evoluir, quem não deseja sempre acertar? Quem trabalha para fazer intencionalmente um trabalho malfeito? A disposição do ser humano é permanecer do lado positivo e a prova disso é que, por mais esdrúxulo que possa ser o exemplo a seguir, nunca explodiram o planeta, mesmo que algumas cabeças tenham pensado sobre essa possibilidade. No mundo, há preponderância do bem sobre o mal e isso faz da vida algo melhor. Encarar a vida de maneira tranquila, sem exigências pessoais impossíveis, sem rigores demasiados, com humor até da situação pessoal, pode ser um dos caminhos para facilitar o que há de melhor entre o indivíduo e a vida em sociedade. É aquela velha ideia para ajudar o outro, o próximo, o coletivo. Então é melhor para todos facilitar a vida, não é?

LEITURAS DAS PRISÕES SEM GRADES

Olhe o mundo e perceba as pessoas ao seu redor. As diferenças primorosas de personalidade e de atitudes no cotidiano proporcionam determinadas leituras do texto humano a partir dos detalhes singulares para formar um entendimento. O comportamento é um dos detalhes relevantes dessa leitura. Uma adolescente, por exemplo, preocupada com o cabelo, com a maquiagem, com a roupa, ou um adulto preocupado com a marca do carro, com o consumo da cerveja, com o luxo, com os objetos de satisfação do mundo do consumo, indicam aspectos da personalidade, denunciam um estilo de vida e a parcial forma de ver o mundo. Quer queira ou não, a adolescente terá uma visão de mundo a partir de aspectos de sua identidade e, inevitavelmente, um juízo de valores. Tais valores contribuirão de alguma forma para aumentar o tamanho das grades da prisão invisível que encarceram mentes e mais mentes, não somente de jovens, mas de boa parte da humanidade.

A partir desses aspectos, de maneira clara, contundente e inteligente, a mídia faz um trabalho fantástico com o ego ao expor o produto e a ilusão. É uma tríade incrível em que os valores se resumem ao objetivo final, à venda de um produto e ao consumo. Cria-se a necessidade daquele objeto em uma espécie de jogo com a mente humana. Um xampu, no caso, não é mais propagandeado na linha de frente em uma campanha publicitária. Expõe-se primeiro uma modelo com cabelos sedosos, belos e cheios de brilho. O primeiro fato em destaque é justamente a beleza de uma mulher com cabelos incrivelmente bonitos. Elogia-se a representação da mulher bonita e com isso aparecem exemplos de outras belas mulheres se movimentando que servem de isca para ao final adquirirem o produto "milagroso" disponível a todas. Essa construção de ideias para se vender, diga-se em sentido maior do termo, é uma das lógicas mais incríveis que vem pela mídia, sobretudo pela TV. Despejar diariamente informações pelas mídias, faz parte do que se está acostumado a presenciar na tela de uma TV dentro de casa. E se sair de casa, nem se fala, há um verdadeiro mundo de informação com fotos, ideias, cores, movimento, oportunidades e valores disponíveis quase de graça para interferir no cotidiano de uma sociedade, mais precisamente, na vida de cada pessoa.

É possível, também, com a intervenção de tantos meios de comunicação e do consequente assédio da mídia, algumas pessoas se sentirem prostradas e até "peixe fora d'água" nessa teia bem construída que bombardeia a mente de boa parte da sociedade. Ao mesmo tempo, pessoas habilidosas com a tecnologia virtual e outras capazes de lidar com todo esse assédio têm tudo para se sentirem fortes pelo simples fato de "fazerem parte desse mundo", com a ideia básica do tipo "Eu estou aqui" e, ao mesmo tempo, podem também se deparar com a sensação de um imenso vazio. Mas vem outra indagação: "E o que os homens/mulheres desejam?". Reconhecimento, dinheiro, diversão, poder, fama, um carro da hora, sexo, comida? A natureza do ser humano é querer mais e mais? Se supre um desejo imediatamente já se deseja outro, mas o que fazer com tanto desejo e atitudes literais de querer por querer inseridos sob os tentáculos de uma aranha gigante, que determina a dança das cabeças, e a própria identidade do indivíduo deixa de representar o eu significativo de ser quem é, para corresponder aos anseios provenientes de uma cultura externa de consumo e de incentivo a uma falsa sensação de controle da individualidade?

É como se a identidade de cada um fosse trabalhada e motivada pelos objetos e elementos externos, isto é, há uma construção de pequenas ilhas individuais controladas por interesses espalhados pelo mundo. De certa forma, isso tudo contribui para um processo de sair de si, de estar disponível a uma engrenagem muito bem articulada e pensada para fazer parte de um jogo em que não perguntaram se o indivíduo queria ou não jogar. A falta de dimensão entre o simples ato de querer deixa de se transformar em uma ideia individual para ser uma ideia de praticamente todos, diga-se da maioria, inserida em uma espécie de onda do mar com tudo que tem direito: de jogar, de levantar, de cair, de flutuar, de ir para frente, de ir para trás, de dar um caldo, de afogar. Praticamente como se fosse um objeto boiando nas águas do mar em que as correntezas guiam sem destino certo. Lembre-se, não existe nem início e nem fim dos oceanos.

É difícil se concentrar para pensar ao ter de lidar com tanta informação diariamente. Praticamente nem se sente mais a quantidade de informação diluída nas mais variadas formas de mensagens no ar e, como muitos preferem, nas nuvens, no Espaço, por aí vai. O barulho, a movimentação, a correria, a intensidade de viver os momentos contribuem com as dificuldades para não deixar ninguém fugir. É fácil imaginar essa situação quando se chega em casa para ficar em paz, na segurança do conforto do lar, com pelo menos alguns minutos de solidão existencial para pensar em si. Justamente esse ato de ficar sozinho para refletir na dimensão do eu interior, no que representaram as ações naquele simples dia comum da semana, poderá, dependendo de cada situação, constituir um verdadeiro drama entre o indivíduo e as ideias flutuantes do mundo de fora. A mente, naturalmente inquieta e vaga, fica exposta ao mundo e paralelamente aos juízos de valor em que a essência fica de lado e abre espaço para a superficialidades diversas. Uma guerra entre o mundo mágico de ser o que é contra o mundo feroz de ser o que não é.

É preciso silêncio para pensar...

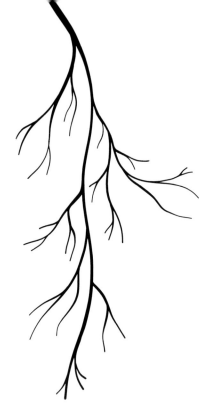

POR FAVOR, SILÊNCIO!

Silêncio? Nem pensar. As pessoas querem barulho, som da TV, som da internet, movimentação, música alta, estar com a galera. É um tipo de boicote do próprio eu proveniente de todo um processo em que estar só, isto é, ficar sozinho, é como se fosse um atentado. Acontece que o ser humano precisa de momentos de solidão, de se centrar em si, de entender seus limites. É a oportunidade de perceber suas ideias, convicções, ideais, desejos e o processo individual de construção de vida, seja material ou imaterial. Ficar sozinho, de forma sossegada, é a possibilidade de se aprofundar a mente a fim de perceber o quanto a vida pode ser fácil, sobretudo para avaliar as possibilidades de resolução de problemas e conduzir situações peculiares da vida. É como se estivesse diante dos apuros de uma prisão sem grades, mas com a necessidade relevante de ter de optar por algo maior, no caso, a própria compreensão de sua condição. O objetivo? Fugir das amarras e pensar com independência e autonomia, pois há também a necessidade de se suprir ao se deparar com o vazio dentro do peito. Essa lacuna existencial, apesar de ser imaterial e espiritual, pode ser sentida fisicamente no peito a partir da movimentação das ideias entre mente e corpo.

Existem diversas maneiras para se preencher esse vazio existencial na sociedade pós-moderna: comendo, bebendo, divertindo-se, comprando e muitas outras. No fundo, a banalidade dessas escolhas tem relação com a confusão entre o mundo irreal e o real. Este último, o mundo concreto. Há uma espécie de luta entre cão e gato. O homem quer fugir de si. Não se permite olhar para dentro do "eu interior" em busca de respostas, principalmente com a ideia de encarar a verdade. Há receio de se ver, de se permitir ao menos se olhar de fora. É como se a verdade fosse a mais pura tradução do mal, configurada nos livros infantis como a velha bruxa do mal. Sócrates, o filósofo, já aconselhava no mundo grego com a frase: "Conhece-te a ti mesmo". Então quem és? O que queres? E por que fazes isso? Tens a dimensão de teus limites e de até aonde podes ir?

Não é fácil responder a tais perguntas pessoais e emblemáticas, mas um dos caminhos é começar a configurar na mente a busca por um objetivo de vida. Essa é a primeira resposta que pode ajudar a pessoa, ou seja, é importante encontrar um objetivo de vida, não interessa se pequeno, médio ou grande, o importante é ter um objetivo. Inclusive, esse foi tema de um comando de redação do vestibular da USP e que deu um verdadeiro nó na cabeça de boa parte dos alunos acostumados a escreverem em terceira pessoa e, ali, diante do comando da redação, teriam de dissertar em primeira pessoa a respeito da escolha do objetivo de vida. "Meu Deus, terei de falar de mim. Mas como pode isso?". Só para se ter ideia do que é pensar sobre os desejos, quereres e muito mais.

Mas o que eu quero na vida? Quais são os interesses que me atraem? Tais questionamentos, para alguns, podem parecer óbvios e até fáceis de responder pelo simples fato de já terem superado essa fase e já terem encontrado um norte. Para outros, isso pode ser um verdadeiro tormento, em que o quadro de profissões disponíveis não é mais o mesmo de bem poucos anos atrás, diga-se, uns trinta anos. E hoje as opções são cada vez maiores, porém com a fragilidade de um futuro incerto. Isso para um jovem adolescente e até para adultos pode se transformar num verdadeiro campo de batalha interior no processo de adquirir consciência do querer e do poder.

Ora, não é fácil, mas há indicativos sintomáticos da individualidade para se escolher uma carreira com base nos talentos. Uma coisa é gostar e admirar uma profissão e outra coisa é ter a vocação para seguir uma carreira profissional. Admirar a vida de um profissional da saúde em um hospital, trabalhando para curar pessoas, é admirável. Tão admirável que há uma verdadeira paixão dos estudantes pela vida de um profissional da Medicina ou da Enfermagem. Porém, fazer a escolha pela profissão da Medicina, imaginando que será aquele eterno romantismo até chegar à vida profissional, já muda um pouco. O peso dessa escolha deve permear a vocação, isto é, habilidades, interesses, preferências, forma de encarar a vida, estilo de vida e até da disposição em abrir mão de outros interesses para se chegar ao objetivo. Gostar de Química ou de Biologia pode representar um indicativo, mas realizar a escolha irá requerer autoconhecimento para identificar de fato suas características e linha de interesse.

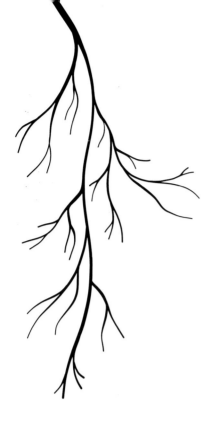

TALENTOS E MAIS TALENTOS

Há um prognóstico entre os astrólogos que considera noventa por cento da humanidade fora de suas reais vocações. É apenas um dado, porém não chega a ser alarmante se comparar a formação de muitos profissionais às atividades as quais ganham o pão de cada dia. É justamente esse pequeno detalhe capaz de nos levar a constatar de fato outras capacidades incríveis do ser humano para sobreviver. A primeira delas é o talento. A pessoa domina um talento para uma determinada área e desenvolveu habilidades para se tornar apta a desenvolver trabalhos ou executar tarefas dentro da área "dos sonhos". Mas se surgir outra oportunidade bem diversa a um profissional, será o fim? A pessoa pode ter a capacidade de adaptação a um novo meio para desenvolver novas habilidades em outro ramo profissional. Mas apareceu a oportunidade no mercado de trabalho. Pronto, está criado um dilema. Nem sempre as atividades profissionais seguirão o caminho dos sonhos e da vocação, mas é preciso trabalhar, garantir o feijão em cima da mesa e, aquela oportunidade, diferente do que imaginava, acaba sendo importante para a estabilização profissional e pessoal, além de somar experiência e capacidade técnica.

E, em se tratando de adaptação, a história da humanidade já demonstrou também com fatos e provas contundentes a capacidade do ser humano em se conformar com a dor da precariedade extrema para se superar. Um prisioneiro e um sobrevivente são exemplos clássicos. Outro ser vivo merece atenção, a barata. Ela foi um dos poucos insetos a sobreviver à intensidade da explosão das bombas atômicas de Hiroshima e Nagasaki no Japão. Elas conseguiram se adaptar aos efeitos da radiação após as explosões vergonhosas que dizimaram parte daquela população e aniquilaram as terras. Mas é importante lembrar que uma coisa é se conformar em uma espécie de resignação com a situação em que se vive. Outra coisa, voltando ao tema profissional, é direcionar funções para outras finalidades diversas da real vocação, mas que no fundo correspondem aos interesses da própria sobrevivência e crescimento. A vida conduz cada um por caminhos irregulares na maior parte das vezes, mas que ao final dará algo promissor – o conhecimento. Usar isso de forma salutar permitirá exercitar individualmente e no convívio com outras pessoas algo de melhor para todos. Cada um ganha de alguma maneira.

Fico sentado na beira da cama, a televisão está ligada, mas com o som desligado, e olho o sofá na minha frente. Imagino quantas pessoas já sentaram ou deitaram naqueles estofados. Imagino quantas pessoas já precisaram de cuidados naquele quarto. E cada vida segue conforme o destino. As estrelas no céu, os planetas e os luminares conduzem a relação energética com o Sol e a galáxia. Aumento o som da TV e as notícias se voltam para um tiroteio na Rocinha, nas ruas ao lado do túnel Dois Irmãos, no Rio de Janeiro. Uma batida policial com o inevitável confronto com traficantes e tudo o que manda o figurino. Uma tristeza aquela comunidade ter de passar por aquilo. Já fiz um trabalho social na Rocinha após um convite de uma entidade social. Eram aulas de redação e leitura para adolescentes e adultos moradores do morro. Pois bem, inevitavelmente, tivemos de ter autorização de algum dono do poder local para poder ministrar essas aulas, já que eu era a figura estranha e, como reza a lenda, poderia ser X9. Só foram apenas duas aulas em razão da precariedade da segurança para todos na região em que ficava a sala de aula, mais realisticamente, a sala de estar de uma residência. Lá fora, tínhamos uma visão privilegiada da praia de São Conrado e das belezas naturais do Rio de Janeiro. Bem, enquanto os alunos faziam exercícios, eu aproveitava para conversar com dois "soldados" do morro, um com 16 anos e outro com 19. Ambos altos, magros, aparentemente ansiosos, olhavam todo tempo para os lados. Diziam que estavam ali para vigiar uma possível subida da polícia no morro. Era a missão daqueles garotos. É como se fossem os primeiros soldados da infantaria a tentar coibir a entrada da polícia naquela região. Rezava para não acontecer nada enquanto estivesse por lá. Eles manuseavam com orgulho uma Uzi Israelense e o outro um AR 15. Pensava: que alternativa eles teriam? Conversava com eles vários assuntos amenos, futebol, esporte, funk, som, música e me impressionava a capacidade empreendedora e inteligência daqueles dois garotos em análises contundentes sobre a vida. Tinham ideia e opinião para tudo que envolvia o mundo deles. Eles tinham uma fluência comunicativa muito boa, considerando as condições difíceis que eram obrigados a suportar no morro, além das limitações naturais, talvez, de uma educação formal e informal precárias. Sabiam manusear as armas como ninguém, pareciam treinados por gente experiente. Era a lei da sobrevivência. Conversávamos como se fôssemos amigos de infância e eles pareciam se sentir confortáveis com minhas palavras de incentivo à vida e de valorização da arte de escrever e de ler. Meu papel principal era incentivar a todos a viver e a se superar. Os dois ficavam ouvindo minha aula e se divertiam com a participação da turma. O mais trágico foi saber do cancelamento do projeto depois da segunda aula e que não haveria mais nada até segunda ordem. A situação ficou caótica no morro e o local das aulas ficou prejudicado pela ação de guerra estabelecida naquele lado da Rocinha. Os dois garotos, fiquei sabendo depois, foram mortos pela guerra do tráfico. Não durariam muito na verdadeira lei da selva a que foram submetidos. E eu pensava no quanto eles poderiam ter tido a oportunidade de escolher pelas próprias vocações e enveredar por algum esporte ou por uma profissão para se sentirem dignos e úteis ao que, garanto, eles tinham muito – o talento.

Percebo no hospital a quantidade de idosos em atendimento e utilizando os serviços oferecidos. As gerações se sucedem nas transições naturais da vida conforme a idade vai chegando. As necessidades mudam, os interesses idem. À medida que observo a movimentação de pessoas idosas pelos corredores do hospital, percebo também a preocupação de parentes com aquelas pessoas. É bem interessante perceber a solidariedade. Continuo minha caminhada até a entrada do hospital. São caminhadas de fato e as mentais pelo mundo. Vejo o drama de um carro parando para a saída de um senhor idoso em uma cadeira de rodas. Escolhi o termo drama, não para ser chocante, mas para atestar duas realidades: a primeira, é pelo fato de perceber a logística para se retirar o senhor idoso do carro. Foi necessário contar com ajuda de outras pessoas. O mais importante é que tudo ocorreu muito bem. O segundo drama, esse é um pouco mais revoltante, é o fato de as calçadas não estarem adaptadas ou no mínimo atenderem os anseios de pessoas cadeirantes, deficientes e idosos. O desnivelamento entre uma calçada e outra é surreal e visa somente atender os interesses de quem reformou a calçada em frente à sua casa. Então surgem à frente verdadeiros desnivelamentos com rampas e batentes, além de buracos e mais buracos, pedras sobre pedras. É um fato típico de nossa cidade e provavelmente de outros grandes centros urbanos.

Historicamente, viemos de um processo cultural em que herdamos, por motivos óbvios, atitudes recentes de aproveitamento do espaço urbano para a realização e a transformação habitacional da cidade. Muitas cidades brasileiras desde o século XX foram se adaptando a um quase insípido planejamento urbano, sobretudo com a intenção, seja ela política ou não, de habitar regiões específicas da zona rural ainda existentes em cada período nas capitais e grandes cidades do interior. Isso é fácil de se ver no caso de Belém, em que várias leis e normas incentivavam a população a irem gradualmente ocupar zonas inabitadas. Isso, de certa maneira, contribuiu para a desordem estrutural da cidade e, também, com a falta de um planejamento mais realístico e futurístico para facilitar, por exemplo, nos dias atuais, a mobilidade urbana para escoamento regular de veículos e pessoas. Tal realidade é fato em várias capitais, independentemente de serem cidades históricas ou não.

Viver a realidade de uma cidade, mais especificamente de uma rua, isto é, a rua onde se vive, necessita de um olhar participativo e de consciência para o exercício simples de se colocar no lugar do outro que precisa viver a realidade da cidade tanto como qualquer cidadão. É um ato de respeito com o próximo e com a maioria, ou seja, a sociedade ganha e todos ganham individualmente. Ainda se percebe, em alguns bairros, uma pessoa varrendo as folhas caídas numa calçada. Ali é um simbolismo típico que sinaliza em vários sentidos. A pessoa quer a frente de sua casa limpa e asseada. Ela contribui com a limpeza pública. Ela permite a todos passarem naquela calçada limpa. Ela diz com aquele gesto, "eu faço a minha parte, e você?". São somente algumas questões que advêm dessa simples atitude muito pouco comum atualmente.

A calçada é um direito, é o ir e vir, é a passagem, é o ponto de encontro, é o eu, o nós e o vós. É parte da plenitude de uma cidade.

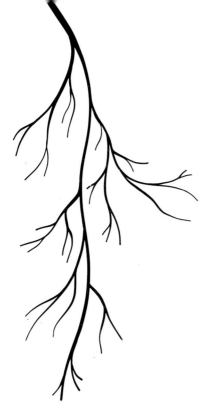

E OS DIAS INDO...

    Qualquer movimento com o tronco corresponde a uma dor intensa no local da cirurgia. No meio do peito a dor aguda não me deixa esquecer o que houve. Um simples ram-ram para eliminar secreção da garganta já é o suficiente para ir bem ali na Lua e voltar. Ao mesmo tempo, começo a achar tudo engraçado, nem sei a razão. Tudo bem, não é tão engraçado tudo o que aconteceu, mas começo a ver comédia em tudo. Fico rindo e é bem provável pensarem em alguma insanidade ou estar mesmo sofrendo algum delírio ou lembrando algo engraçado. Esta última, confesso, realmente fiquei me lembrando do constrangimento de duas técnicas em enfermagem fazendo a tricotomia em meu corpo, ou seja, raspagem geral dos pelos do corpo antes da cirurgia, uma das condições protocolares para evitar infecção. Comecei a contar piada para elas para aliviar a pequena tensão que se instalou e tudo correu bem. O máximo que falei para as duas heroínas foi o aumento de nossa intimidade a partir daquele momento de tanta sinceridade.

Ainda não há como ler, um incômodo na vista me atrapalha a leitura. Esse processo com o tempo foi aliviando e depois voltei às atividades normais de leituras. Os resultados de exames de sangue e pressão, entre outros, estão dentro da normalidade e já começo a me visualizar em casa para cumprir a segunda parte da recuperação. Falo com uma tia sobre como será o pós-operatório, no caso, não poderei dormir de lado, somente com o peito para cima e de novo olhando para o teto por quatro longos meses. O esterno tem de consolidar bem durante os próximos meses. Farei o que os médicos recomendaram. Imagine o que é isso para quem não está acostumado. Os médicos proibiram deitar em rede. Uma tia e minha irmã se mobilizam e providenciaram uma poltrona para eu deitar e dormir durante esse tempo: será que vou conseguir essa proeza de dormir com peito para cima em uma poltrona durante esse tempo todo? Só vendo para crer, isto é, preciso acreditar que vou ter de fazer isso em casa, algo que já estava, aos trancos e barrancos, fazendo no hospital – deitar e relaxar com o peito para cima. É melhor esperar o momento para não sofrer antes do tempo. Vou andar pelo hospital para olhar o tempo, como dizia minha avó.

Encontro um ex-aluno do curso de redação pelos corredores. Ele lembrou de várias situações quando foi meu aluno no início dos anos dois mil. No curso, havia muitos jovens que pretendiam fazer Medicina. Fizeram o vestibular, lograram êxito e já estão devidamente encaminhados. Não se esqueceu quando questionei na turma se eles tinham certeza ao escolherem ser médicos. Todos confirmaram a vocação para se dedicarem firmemente à profissão. Alertei a todos, à época, que não haveria mais tantos finais de semana para festas e badalações. Se eles pensavam que, com o vestibular encerrariam os estudos, aquilo só era o início de um longo processo de dedicação e determinação na escolha. Até brincava haver tempo para desistirem, mas todos firmes e fortes ratificavam suas escolhas na área da saúde. Que bom para todos.

Ter contato com um ex-aluno, hoje formado na carreira pretendida, dá um certo orgulho para o coração com a esperança de ver, naquele sorriso, não somente as lembranças dos velhos tempos de estudante, mas de acreditar no potencial para ser um excelente profissional feliz na vida. Lembrávamos de quando três professores em sala de aula, eu, o professor Meirevaldo e o professor Isac, discutíamos um assunto polêmico com os alunos e também entre nós. Conseguíamos discordar um do outro na diplomacia dependendo do assunto. A turma vibrava e entendia os pontos de vista, esse era um dos objetivos do curso, mostrar a eles o quanto é bom ver as diferenças. Observavam os argumentos, tomavam partido, assimilavam ideias, discordavam, concordavam, mas acima de tudo havia um grande respeito com aquela situação de contraditório natural de ideias. Ao final, todos pareciam se divertir muito com aquele processo de ler, interpretar e praticar a redação. "Rui, naquele tempo vocês conseguiam manter todos atentos com assuntos que serviriam tempos depois para a minha vida estudantil e para minha vida de pai de família". Respondi: "Pois é, havia um sentido muito claro para toda aquela discussão do bem. Vocês precisavam de um espírito crítico para formar seus pontos de vista. Entender a existência de ideias diferentes sobre o mesmo assunto. Parto sempre do princípio de as certezas serem pouquíssimas nessa vida, quase nada. As perguntas, questionamentos e análises, esses sim são milhares e servem para a evolução da mente e para as pessoas serem o que são. Aprender a lidar com as ideias, sejam elas afins ou não às suas, faz parte do dinamismo da vida. Quando lia um texto de um aluno de 15 ou 16 anos com uma lógica incrível e fortes argumentos, impressionava-me. Chegava até a me arrepiar. Sempre fiquei perplexo com a força desses textos de adolescentes em plena formação. Era empolgante". Rimos um bocado lembrando dos casos e mais casos durante aquele ano em que estivemos juntos no curso. E ele ainda disse, "paciência na recuperação e faça tudo o que o médico recomendou no pós-operatório". Ainda tive de ouvir essa.

caminhos para formar a própria identidade? E na vida universitária, em que o papel do professor representa algo bem diferente do que sempre esteve acostumado a receber no ensino fundamental e médio, como será encarar esse choque de realidade? É como se dois mundos paralelos funcionassem ao mesmo tempo, considerando uma expectativa de ideais e a vida prática, o mundo real, nu e cru. Inevitavelmente, o estudante terá de se esforçar para se localizar e se movimentar em uma direção diante desses mundos. É importante salientar que a internet não fará isso por ele, poderá até ajudar, mas não fará, pelo menos neste início de milênio. Ele terá de fazer a escolha para, pelo menos, direcionar-se dentro do mundo real. Mas como encontrar direção com tanta informação, desejos, emoções, imposições provenientes de todo lado? É justamente em busca dessas respostas que surge um outro fator de cunho psicológico com esse "fantástico mundo de ofertas" – a crise.

Essa crise, digamos mais precisamente, de identidade terá uma possível finalidade: buscar definições ou se conformar. Desistir e pensar em saídas paliativas pode ser fácil, não é? Sabe aquele momento de querer sumir, dar um tempo, desaparecer? E então surge outro fator para contribuir com esse processo individual, o mundo continua a girar, movimenta-se, mexe-se e provoca o ser humano, seja para entrar em ação, seja para cruzar os braços. Há implicitamente uma espécie de vivência dos princípios inerentes à lei darwiniana às avessas, na qual se busca novas mentes, novas cabeças, novas ideias, novos rostos para contribuir com a evolução de todos. É preciso de cada pessoa, cada ação, cada gesto nessa grande cadeia de sobrevivência e disputa por espaços livres, em que há um caráter de pertencimento de todos para ocupação desses espaços. Cada um tem seu lugar debaixo do sol. É necessário agir. Agir significa exercitar o ato de pensar e de refletir. E nesse momento não é uma questão simples de divisão entre os bons e os fracos, como diz a teoria evolucionista, mas de se tentar estabelecer os espaços de atuação de cada um, até porque quais seriam os parâmetros para se estabelecer valores entre os que devem ou não sobreviver na forma de viver da sociedade? E mais, esses critérios partiriam de onde? É isso o que todos querem e desejam?

Espaço há para todos, sem dúvida. O planeta é imenso, apesar de afirmarem o contrário devido ao avanço da tecnologia e da diminuição das distâncias entre os povos. Os protagonistas são todos nesse filme chamado de vida. Cada pessoa tem um valor enorme e uma importância significativa nessa cadeia humana e de resultados pelo planeta. Não há mais os quinze minutinhos de fama, nem os dez, nem os cinco. Hoje, todos fazem parte de uma engrenagem tão dinâmica e com espaços novos a serem ocupados. A prova disso é que nem as profissões consideradas tradicionais são mais as mesmas depois do advento de novos rumos e facilitações para o exercício de uma profissão em tempos de velocidade, fluidez, versatilidade, virtualidade. Imagine para um estudante em plena formação se deparar com toda essa gama de informações? Basta apertar o *enter* e pronto? Não necessariamente.

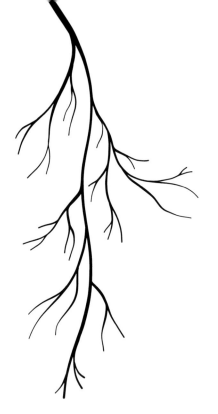

OCEANOS

    E o homem sempre teve a possibilidade de encontrar caminhos tecnológicos para a profissão. Encurtou distâncias e se oportunizou para o estabelecimento de fontes e mais fontes de informação a respeito da carreira profissional. Os jovens e adultos estão em um mundo tecnológico com dimensões oceânicas, em que não existem nem o início, nem o meio, nem o meio termo; ficam à mercê não somente da sorte, até porque as escolhas dependem deles mesmos, sendo resultado de muitas reflexões, análises, critérios, oportunidades. Nem seria o fato de se esforçar para descobrir uma equação, mínima que fosse, em um hospital, na relação entre paciente e médico, pois hoje a tecnologia está disponível para se tentar salvar e ajudar os profissionais da Medicina a definirem tratamentos aos pacientes.

    E a juventude tem à disposição um mundo a ser explorado e criado para ajudar a encontrar saídas, até certo ponto, impensáveis há pouco tempo. Novos paradigmas e critérios se estabelecem nas áreas profissionais e disponibilizam ferramentas diferentes para poder se pensar sobre a atuação de cada estudante e de cada profissional. O mais importante é não deixar de acreditar que os seres humanos continuarão a serem seres humanos, mesmo diante desse extraordinário mundo novo.

De certa forma, hoje, e bem provável em um futuro próximo, o termo Medicina *high-tech* ainda estará em uso e terá repercussão na relação humana entre paciente e médico. A exemplificação na área da Medicina se dá por motivos óbvios, porém se aplica em diversas profissões. Um dos deveres da Medicina como de qualquer profissional é evitar erros, mesmo com toda gama de tecnologia à disposição. O juramento, e a missão maravilhosa, dos médicos é salvar vidas, mesmo com toda a sorte de riscos que envolve equipamentos, logística, contaminação, entre outros. Salvar vidas e se dedicar às pessoas, de certa forma, soa com romantismo aos ouvidos de muitos estudantes e estimula vários jovens a estudarem direcionados e com afinco na carreira da Medicina. Os equipamentos de última geração da Medicina conseguem traduzir, em parte, o que acontece com um paciente para facilitar a vida de um médico. Além disso, exames laboratoriais estão cada vez mais evoluídos para ajudar o profissional a formular um diagnóstico. Porém, isso não é o suficiente, o médico ainda tem o dever de analisar um paciente de forma física para tentar perceber a olho nu as nuances dos sintomas a serem determinantes aos encaminhamentos para exames laboratoriais e outros. E é justamente nesse ponto que ocorre mais um detalhe a ser mencionado: a relação humana paciente e profissional. Essa relação entre praticamente dois estranhos, apesar de se conhecerem apenas em consultórios, acaba sendo uma relação precária. É preciso afinar essa relação entre ambos para o tratamento ou a recuperação cirúrgica poderem se estabelecer com melhor fluidez. Para isso, há técnicas e mais técnicas de empatia e de credibilidade na comunicação entre os dois, inclusive a anamnese, que é a narração do paciente provocada por indagações do médico em uma espécie de entrevista para buscar as origens de um caso clínico. Além disso, o carisma e a forma de abordagem profissional e também a receptividade de um paciente contam demais para se chegar a um denominador comum. Enfim, mesmo com tanta tecnologia, o lado humano, a princípio, representa muito para muitas conclusões médicas.

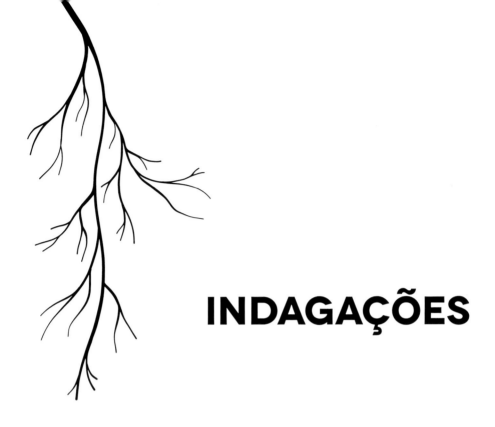

INDAGAÇÕES

No hospital, procurei perguntar sobre diversas questões da cirurgia e do processo de restabelecimento de conhecidos que já passaram pela mesma situação. Queria saber o que doía e quais seriam as recomendações, pois, como já disse anteriormente, a mente manda fazer determinadas ações porque entendia que estava bem e normal, mas o corpo não estava, evidentemente. As experiências de outros pacientes foram importantes para mim naquele momento, a fim de entender as dores e os incômodos. Daquela forma, não restava alternativa, a não ser aceitar a situação, ou seja, acreditando com otimismo que daria certo. Fiz tudo o que mandaram. O médico mandou andar imediatamente ao sair da UTI, fiz isso, e aos poucos fui me acostumando. Fiz questão de mostrar ao médico que estava obedecendo o que mandava a prescrição. A recuperação é gradual e lenta, igualmente a qualquer outro paciente operado nas mesmas circunstâncias.

É preciso entender que existem dois universos na vida de um paciente hospitalar, em especial no meu caso. Um é o corpo se restabelecendo de uma cirurgia e a outra é a mente. São dois universos que se cruzam e fazem parte de um todo. É importante saber nesse contexto que ambos funcionam integrados e podem se ajudar, dependendo da força de vontade e do equilíbrio emocional. Primeiramente é sempre bom ter uma relação com a própria verdade, mais precisamente a realidade pela qual vivia antes da cirurgia e pelo fato de estar ali, deitado em um leito, resultado cristalino de um estilo de vida, ou seja, de uma história de vida e de escolhas.

Essa história, em especial, quanto à alimentação, anteriormente tentava controlar a ingestão de gorduras que sempre me fizeram mal, meu corpo avisava sempre, já era um sinal. E as massas? Essas sempre foram meu maior pecado gastronômico. Gosto tanto que me tornei um especialista na produção de pão, pizzas, nhoque, rondeli, macarrão e outros, principalmente aos domingos de tarde. Eu e minha filha, padeiro e ajudante, mandávamos ver na sova divertida das massas. Como se controlar, também, no meio desse verdadeiro mundo gastronômico, em que as ofertas de alimentos industrializados, fáceis de encontrar nas prateleiras de lojas e de supermercados, fazem das pessoas robôs humanos quase sem escolhas em busca de satisfazerem suas vontades? Sem esquecer dos inúmeros restaurantes e lanchonetes que disponibilizam diversos tipos de quitutes, principalmente em uma cultura rica e gastronômica como a de Belém do Pará?

Difícil, não é? Sim, bastante. Estamos expostos a uma regra básica de sermos levados por uma grande onda que invade as mentes com valores imediatistas e, como muito bem se sabe, a alimentação é também um valor cultural disputado no cotidiano por empresas do ramo. Dessa forma, há traços culturais nítidos na alimentação e na história de vida pessoal, que praticamente forçam a condução para uma vida considerada "normal" dentro dos parâmetros do consumo rápido, típico de *fast-food*, lanches rápidos e em grande parte sem a preocupação nutricional adequada, somente para saciar a fome imediata, para poder estar em dia com a hora, com o tempo, com os afazeres. É quase uma necessidade controlar a qualquer custo o tempo, ter domínio sobre o cotidiano pessoal, desde o momento em que se acorda até a hora de voltar para casa para tentar relaxar. Fica fácil visualizar o que significa isso em semblantes, olhares, traços da face nessa forma de conduzir a vida cotidiana refletida em pressa e ansiedade na relação com o "senhor tempo".

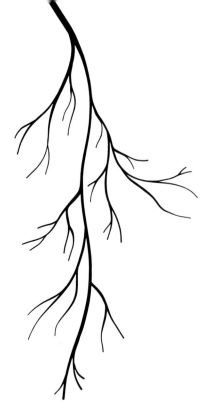

TER DE...

Conjugar o verbo ter passa a ser preponderante no estilo de vida urbana: ter de fazer, ter de chegar, ter de comer, ter de cumprimentar, ter de trabalhar, ter de sair, ter de cumprir horário, ter de dormir, ter de falar, ter de pagar, ter de andar, ter de votar, ter de servir, ter responsabilidade e muitas outras obrigações e deveres. Bem que poderia ser diferente o resultado dessa conjugação e o efeito dessas três letras, num outro estágio da mente, refletir outros compromissos internos: ter de relaxar, ter de dormir, ter de melhorar, ter calma, ter paciência, ter diplomacia, ter educação, ter de abraçar, ter respeito e muitos outros. No fundo, o leitor deve estar pensando após comparar os dois grupos: "Mas por que a obrigatoriedade se, quando a pessoa obtém consciência e paz necessária no coração, ela tem tudo para reclassificar o verbo ter?". Essa pressão do termo, tendo em vista a maneira como se vive, passa a alcançar outro estágio, pois o ter de dormir e o ter de relaxar pressupõem obrigatoriedade devido à condição do verbo. O verbo ter, no entanto, tem uma dimensão enorme e possui várias aplicações do ponto de vista linguístico, mas, também, permite o direcionamento para outras formas de exercer esse poder do termo e controlá-lo melhor sem gerar tanta ansiedade negativa nos dias de hoje: ter ética, ter de defender, ter coerência, ter saúde, ter alegria, ter paz, ter amor. A dimensão desse verbo vai além da conta, pois o ter representa também apoderar-se, herdar, usufruir, adquirir, contar idade e muitos outros. A complexidade do ter se dá diante do desenvolvimento pessoal de cada indivíduo quanto às responsabilidades, desde as mais simples e usuais até as mais complexas. Controlar o ter com menos tensão já é um bom sinal.

Corriqueiramente, às vezes, dependendo do grupo social e do convívio entre pessoas com perfis diferentes, mas com interesses comuns, sempre é bom perguntar mentalmente para si: por que eu tenho de entrar numa festa dessas? Por que eu tenho de ir para um show ou boate da vida? Por que eu tenho de beber igual aos outros ou somente para aceitação daquele grupo ou de pessoa X, Y ou Z? Aceitar ou não aceitar, eis a questão. Tais questionamentos parecem óbvios, mas no fundo existe certa complexidade por se tratar de respostas diferenciadas que envolvem necessariamente outros aspectos, tais como: ética, moral, relação de poder, identidade, atitude, personalidade, fragilidade, cultura, valores, aceitação, formação de grupo, engajamento, até o emocional.

Dizer a palavra não terá um custo? Sim, é claro. Ninguém escapa das consequências. Dizer o termo sim terá outro custo? É óbvio que sim. Para qualquer lado a se optar, o preço estará estampado, porém, é o que já disse anteriormente, apesar da pressão, a escolha sempre será individual. Os resultados, ou seja, as consequências virão, inevitavelmente. O resto será apenas assumir o erro ou o acerto. E, no caso, agir é uma questão de responsabilidade e de se responder. É o poder de conduzir a própria vida, daí a importância de possuir um objetivo. Se esse objetivo vai dar certo, existem outras variáveis, pois o importante é sair do zero a zero e se enriquecer espiritualmente com o conhecimento de ter conduzido uma situação de vida em benefício próprio. Essa experiência terá um significado importante à medida que a pessoa evolui, cresce e se depara com situações semelhantes durante a vida.

Errar é humano, mas persistir no erro pode ser burrice, como diz o ditado popular. Em grande parte, o ser humano tem dificuldade em aceitar um erro cometido. Convenhamos, é difícil. Em todo caso, quando a pessoa age, o objetivo é acertar e realizar um trabalho com maestria e excelência. É preciso entender que tanto os erros como os acertos fazem parte da transformação para o melhor de cada ser humano. Inevitavelmente, a lembrança da passagem bíblica da Parábola do Filho Pródigo é o típico caso de ensinamento da transformação da pessoa humana. Assim se conta: um dia, o filho mais novo de uma família pediu, ao pai, o adiantamento de sua parte na herança. Pegou os valores e saiu pela vida para literalmente curtir o que há de melhor da vida material e sensações humanas. O dinheiro um dia acabou. Veio a pobreza e aquele rapaz se viu forçado a trabalhar para sobreviver, chegando a cuidar de porcos, algo quase indigno à época, considerando as tradições culturais. Chegou até sentir vontade de comer comida dos animais, para se ter ideia do estado de extrema pobreza pelo qual passava. Não aguentou mais e resolveu sair daquela vida e voltar à família. Chegou ao pai, que antes de qualquer explicação já o abraçou com imenso carinho. Pediu aos empregados que trouxessem roupas novas e fez uma verdadeira festa em homenagem ao filho, que mal conseguia se explicar e entender. O pedido de perdão do filho estava na alegria do acolhimento de tê-lo de volta. No meio da festa, chega o filho mais velho e vê o irmão sendo homenageado pelo pai. Inevitavelmente se zangou, pois se dedicou a vida toda para honrar e agradar ao pai, sem nada pedir em troca. O pai, ao ver o semblante de indignação do filho mais velho, foi até ele e disse para não se sentir injustiçado com aquilo tudo, pois tudo o que eles haviam construído pertencia a ele mesmo, o filho primogênito. E aquele momento era de celebração à vida daquele filho mais novo, desaparecido por muito tempo, praticamente considerado morto quando saiu de casa. Aquele era o renascimento do filho que havia voltado vivo e em segurança ao calor da família. A festa era em celebração à vida, ao encontro da família reunida mais uma vez e à transformação daquele filho mais novo em sua nova chance de viver.

As lições dessa parábola são várias e remetem à reflexão sobre o perdão, o materialismo, o arrependimento, a inveja, o amor dos pais, o amor de Deus. Um texto bíblico possui duas interpretações, uma do ponto de vista racional e, outra, do ponto de vista espiritual. Ambas são interpretações para tornarem a vida mais sensata e digna, sobretudo em contato com a palavra e a fé em Deus.

Mas por que as pessoas tendem a se considerarem super-humanos incapazes de errar e muitas vezes não assimilam bem as derrotas, os nãos, os fracassos? Desde o início da vida, durante o processo de ensino e aprendizagem na família, uma criança deixa de se tornar um simples animalzinho movido pelo instinto e cheia de vontade com atitudes rebeldes quando contrariada para ir gradualmente aprendendo a conviver com outras pessoas, interagir, falar, ouvir, chorar, sorrir, repreender e ser repreendida, acusar e se defender e diversos outros típicos paradoxos da vida humana.

Durante a vida, as exigências, as pressões, o "ter de", as responsabilidades, o responder, o respeitar e, principalmente, a autoafirmação diante da dimensão dos limites pessoais fazem do ser humano alguém que necessariamente terá de apresentar resultados, de uma forma ou outra. Tais resultados permitirão inevitáveis avaliações e, por conseguinte, julgamentos. Além disso, ainda se pode herdar de outras culturas, tidas como evoluídas, pensamentos de competitividade a fim de deixar para trás a concorrência em vitórias e glórias. Essa luta diária, na verdade, é contra nós mesmos. É a autossuperação para provar que podemos fazer algo e, ao fundo, concluirmos que somos capazes. É uma matemática interessante entre o eu capaz e o nós competidores que temos de superar um ao outro. Se for observar com maior detalhe, a competição pode ser capaz de estimular uma pessoa, uma fábrica, uma indústria, uma zona comercial, uma equipe de trabalho, mas isso tem um preço muito forte, talvez até inócuo, se considerar a luta pela própria superação individual e espiritual. Um preço que os esportistas pagam de diversas maneiras para superar centímetros e milésimos de segundos. Um preço que um estudante tem de pagar de diversas formas para conseguir êxito em provas e concursos. Um preço que músicos têm de pagar para se superarem no desenvolvimento da técnica de execução de um instrumento. E os médicos, advogados, contadores, professores, arquitetos, engenheiros, matemáticos, físicos e muitos e muitos outros têm lá seus preços a pagar. Mas, enfim, há um custo e há uma recompensa, equilibrar ambas vem com o tempo.

E o teto lá em cima e imagino aqui no chão o caminho ainda a percorrer. Serão longos meses a serem cumpridos sob limites físicos para me recuperar. Fico imaginando como será o amanhã. O médico já havia me dito sobre esse processo de recuperação e recomendava paciência e cumprimento das ressalvas antes da cirurgia. Meus parentes já sabem do fato e me fazem lembrar a todo instante sobre tais ressalvas. Tudo bem, nem discuto, só faço me resignar e cumprir tudo à risca para me recuperar da melhor maneira possível, pois estamos em julho, digamos na primeira quinzena de julho, e vem o Círio pela frente e o show do Accept, banda de heavy metal alemã a qual já até adquiri o ingresso para ir com meus sobrinhos. Será que dará para ir?

Bem, saí para andar pelos corredores e não pude deixar de notar a animada conversa entre as enfermeiras e as técnicas de enfermagem na sala destinada a elas. Riam de algo divertido contado por uma delas e, também, pelo tom da conversa, devia ter sido algum dos muitos casos no hospital. Fui passando e uma delas me disse que eu estava começando a ficar em forma, pois dava para ver que estava perdendo peso e isso ajudaria a baixar os índices elevados de glicemia no sangue e as taxas de colesterol, entre outros. Entrei de enxerido na conversa e pedi para saber qual era o motivo dos risos, elas tinham de me contar para não contrariar um pobre coitado operado do coração. Aí mesmo que elas riram de meu abuso e me contaram uns casos de hospital com pacientes e situações entre os funcionários, tudo de forma descontraída e bem-divertida. Rimos bastante e aproveitei para contar uns casos engraçados para não perder o clima. É muito bom relembrar os casos e mais casos de nossa vida no trabalho. Lembrar dos feitos, dos trabalhos, da execução de uma ação, é de menos. Muita gente só lembra dos fatos engraçados, e servem mesmo para serem lembrados. Meu pai dizia que os fatos engraçados e divertidos é que fazem parte de nossa memória da época do trabalho.

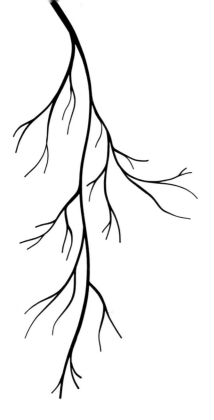

E OS IDOSOS?

Um dia, palestrei na Assembleia Legislativa do Estado do Pará (Alepa), em comemoração a mais uma data de aniversário do Código do Idoso, para um auditório lotado de aposentados e de idosos. Fiz um apanhado, em termos gerais, da vida de um trabalhador brasileiro e da história de vida formadora da experiência de um aposentado. A dignidade de chegar ao fim de uma carreira de trabalho e da inevitável contribuição da previdência social por longos anos. Fiz, também, reflexões e indagações sobre a época em que trabalhavam e da importância dos grupos de trabalho na vida de cada um deles. A importância de dividir tarefas com os colegas para atingir a mesma finalidade e estimular o trabalho em equipe. Esses exemplos representam crescimento e valorizam a formação dos vínculos de amizade. Outros exemplos simples das histórias dos locais de trabalho como: os aniversários, as festas de confraternização, as encarnações remontam a memória positiva. Isso tudo, praticamente, faz parte das famosas conversas nas salas de trabalho e nos corredores, apesar de algumas chacotas não serem tão salutares apesar de lembradas.

Bem, mas o que fica, e isso é importante, são os casos divertidos e engraçados. O funcionário hilário e as brincadeiras. Só de expor os exemplos, o auditório começou a sorrir e se manifestar. Provavelmente pelas gaitadas de certas senhoras, as lembranças deviam ser realmente bem engraçadas, dá até para imaginar. E por serem divertidas, fizeram as pessoas sorrirem do passado, provavelmente lembraram dos momentos de confraternização que fortaleciam mais ainda os laços de amizades na época e, por consequência, efetivavam bons trabalhos em equipe. O reflexo seria sentido na produção de um departamento, na produção de uma fábrica, no atendimento de uma loja e, ao fim, no desempenho de cada funcionário diante de seus objetivos de vida e competência profissional.

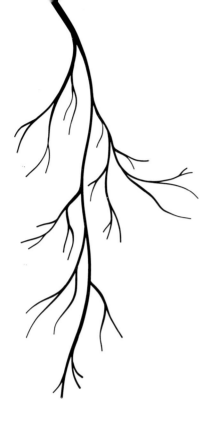

SOMOS E NÃO SOMOS

    Trabalhar em equipe e ter de lidar com as diferenças têm um significado revelador na vida. A vida de um trabalhador não se dá somente por técnica e competência para desenvolver um bom trabalho. Existe um imenso calabouço entre atividades técnicas e habilidades consideradas não cognitivas, denominadas emocionais. É isso mesmo, as emoções fazem parte dessa equação. Quando se está inserido em uma equipe de trabalho, com pessoas desconhecidas ou não, aspectos emocionais podem emergir, pois há certa precariedade em conhecer quem é quem, como reagem, como lidam com as solicitações, como se ajudam, como ouvem, como falam, como estão localizados naquele setor. Isso faz parte da vida de boa parte dos trabalhadores, sejam eles da área pública ou privada. Eles terão de se deparar em algum momento com outras pessoas e necessariamente terão de interagir com o objetivo comum da equipe e da política estabelecida pela empresa ou instituição.

É muito fácil perceber em pessoas com pouca ou nenhuma experiência no trabalho a natural insegurança, não somente quanto à técnica, mas no processo de aprender a lidar e a se relacionar com as pessoas. É um aprendizado ouvir e se manifestar. Entender o *timing* para falar. E também pensar antes de falar, escrever e interpretar. Enfim, aprender as nuances políticas de um ambiente de trabalho permeado por muitos valores individuais, diante das inevitáveis responsabilidades, obrigações e deveres. Essa experiência gradual da vida se dará de forma lenta e esse aprendizado virá com o tempo à medida que as relações vão se aproximando e os valores de cada um ficando mais aparentes. Uma prova disso é que o tempo de convivência diário com um colega de trabalho acaba se tornando maior que de alguns familiares. Nesse processo, a pessoa, independentemente da idade, desenvolve a inteligência emocional ao exercitar o convívio durante a vida com os familiares e amigos. Mas é preciso praticar, pensar e repensar sobre as atitudes.

Outro ponto interessante é aprender o mecanismo de se ver de fora, um dos primeiros passos para lidar com os próprios limites. O autoconhecimento é importante para saber até aonde se pode ir e o que esperar de sua força de trabalho. Lembre-se, o objetivo é melhorar, isto é, se transformar em alguém melhor, não somente para justificar aos outros, mas para você mesmo perceber que pode sim se tornar melhor, evoluir. E o que é ser melhor? Essa resposta cada pessoa se dará conforme a individualidade, personalidade e inclui o aprendizado diário dessa transformação. Duas palavras serão bem importantes para contribuir com esse entendimento: respeito e ética. O respeito à condição humana e as atitudes éticas ajudam a encontrar os limites necessários para seguir um caminho. Então não seria o caso de ser boa pessoa somente para agradar aos julgamentos dos outros, mas ser boa pessoa porque tem consciência de seu papel. Uma coisa é ser uma pessoa melhor e a outra é querer ser uma pessoa melhor. Por exemplo, uma pessoa que nunca trabalhou na vida e sequer esboçou vontade para tal, quando se vê obrigada a trabalhar, geralmente o sofrimento e as dificuldades internas costumam atingir em cheio o lado emocional. Evidentemente que o desempenho dela pode não ser tão bom quanto aos resultados pretendidos, pelo menos a regra é essa. Porém, se acontecer o inverso, ou seja, a pessoa entender que precisa trabalhar, aceita no coração a mensagem de trabalhar e acredita ser aquilo realmente importante para sua vida, o resultado pode ser bem melhor. Qual é o objetivo desses exemplos e comparações? Primeiro, veja como se faz na prática da Pedagogia da Resposta, a qual baseio a atividade do magistério: "A pergunta é a dúvida, o questionamento, a crítica; a resposta é a convicção, a ideia, o dialógico". Assim, a importância da resposta interior é clara e está no cerne das convicções do ser humano em busca de objetivos e desafios. Essa vivência por respostas parte do princípio da prática individual na relação com o mundo exterior. É a identificação pessoal das convicções a fim de seguir por um caminho para se desenvolver de acordo com seus interesses. A resposta, evidentemente, inicia-se dentro de cada um. Como querer amar se a pessoa sequer se ama? Como querer ou desejar a paz se a pessoa não está em paz? É nesse processo de autoconhecimento e do querer ser, por se tratar de um desejo, que a pessoa passa a acreditar inicialmente em suas necessidades ou interesses para ao final se responder. Aplico essa teoria pedagógica há mais de vinte anos e é incrível perceber esse significado em cada estudante na aplicação da prática com a teoria.

Para se desenvolver, no entanto, nesse processo único entre a vida técnica e a emocional, é preciso perceber outra situação inserida no auto-conhecimento. É importante identificar aspectos individuais das virtudes e dificuldades. Isso mesmo, colocar as duas listas na balança, no mínimo para identificar os pontos fortes e fracos. É difícil fazer isso, mas cada pessoa sabe muito bem até aonde pode chegar, mesmo com dificuldade em aceitar as verdades pessoais. É aceitar o óbvio e aprender a perceber as limitações para conseguir ser coerente com seus anseios. Enfim, é sempre bom iden-tificar e estimular durante a vida, claro, a partir de suas escolhas e seus pontos fortes, pois é com essa valorização que provavelmente encontrará seus diferenciais e a vida poderá se tornar mais leve.

Tudo é uma questão de ser coerente com o que pensa e natural com o que faz. Esse exercício gradual de se responder, de se autoconhecer e, também, tendo em vista a socialização em se criar ou aprender a criar empatia com as pessoas pode ser significativo. Lembra do jargão "seja você mesmo"? Pois é, criar condições favoráveis para se desenvolver de forma natural com as pessoas é um dos pontos. Não é o caso de se pensar ser o mais amável dos amáveis, se a pessoa não consegue ser amável consigo. Nem seria o caso de ser, por interesse momentâneo, o rei da comunicação se ao contrário, a pessoa é muito tímida. As pessoas percebem quando se força a barra, quando a pessoa finge ser o que não é, a naturalidade fica de lado.

É um amadurecimento natural se entender a partir de uma visão maior de si. Não é da noite para o dia que isso acontece, é preciso estar disposto a se ver. Tal aprendizado se dá por vontade própria ou forçadamente, na base do "tens de te olhar". Evidentemente, o primeiro é mais salutar porque responde aos anseios da personalidade e, ao obter uma visão maior de si, é o primeiro passo para se avaliar. Outro ponto, é exercitar a humildade de ouvir e inevitavelmente ser avaliado por outras pessoas sob diversos aspectos, pode ser muito bom para saber se está no caminho para essa transformação. Então algumas indagações podem ser interessantes: "Será que estou melhorando? Estou no caminho certo?".

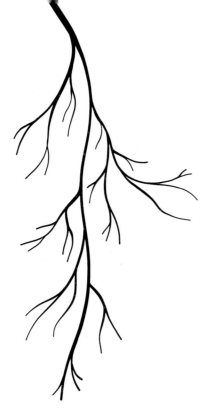

PERCEBA

Essas perguntas possuem respostas que podem ser perceptíveis a partir da simples reação das pessoas. É a leitura dos textos sem palavras que traduzem a temperatura da realidade pessoal. O comportamento e as palavras permitem alguns indicativos sobre a individualidade. O mais importante é perceber em si esse processo simples com base na visão externa dos outros. Alcançar essa equação de distanciamento entre mente e corpo requer prática de leitura dos detalhes, como se a mente, em alguns casos quase cega, fosse para um lado e o corpo para o outro. Essa impressão de distância é quase um jogo entre esses dois lados, pois o corpo reflete, em parte, o estado emocional do indivíduo naquele instante.

Uma doença cardíaca, no caso, quando uma pessoa chega a ser diagnosticada com entupimento de artérias e veias, é apenas o resultado de um processo anterior. De uma maneira ou de outra, a dor é o resultado, isto é, é aquilo que de forma imediata se sente, mas vem de um histórico anterior que precisa ser avaliado. Resguardando a proporção, um jogador de futebol durante uma partida vai em uma dividida com um oponente e quebra um dedo do pé. A dor é imensa e demonstra o preparo ou despreparo de um ou outro naquele típico fato faltoso. Em ambos os casos há o sofrimento imediato e o mediato. Na situação de um procedimento cardíaco, a linha é tênue entre dor e sofrimento quanto à recuperação com todas as limitações no cotidiano de um trabalhador. No futebol, imagine para um jogador estar afastado dos próximos jogos e ver os companheiros de time se esforçando para vencer um campeonato? São dramas intensos e reveladores de histórias originadas, quem sabe, na própria mente, pois se pesar na balança do pensamento, os limites entre ação e consequência, pode-se até indagar: e se fosse diferente ou tivesse tomado essa ou aquela atitude para se evitar o resultado drástico? Enfim, a prática de se ler a realidade ao se pensar na relação entre causa e consequência pode significar muito na vida de uma pessoa.

Volto à capela do hospital e me sento diante da imagem sagrada do Coração de Jesus. Rezo e mentalizo meus parentes que precisam se recuperar de outras mazelas. Preciso rezar por minhas tias. E faço isso, mentalizo boas energias e imagino luzes da cor e intensidade do sol, sobre o corpo delas. A imaginação e a energia foram tão fortes naquele momento que fiquei emocionado. O poder da imaginação de um sonhar acordado ao criar situações podem ajudar, de alguma maneira, outras pessoas, acredito nisso. Será que um dia a Física Quântica ou outras Ciências conseguirão explicar isso?

LIGAÇÕES INCONSCIENTES IMPERCEPTÍVEIS

É inequívoco perceber a conexão entre as pessoas. Existem pontos explícitos dessa conexão: interesses, identificação moral, física e material e outras sutis, quase imperceptíveis, as quais o homem em sua finitude e pequenez no meio dessa galáxia não consegue ainda explicar de forma racional, verdadeiros elos invisíveis criados entre pessoas distantes espalhadas pelo mundo. Neste exato momento, por exemplo, existem acontecimentos simultâneos entre pessoas diversas e que terão a mesma sensação emocional e, possivelmente, sensações físicas, vivendo em culturas diferentes e distantes. É como se existisse uma corrente ligando seres humanos em um tipo de corda imaginária sob a interferência do movimento dos astros em nossa galáxia. Digo nossa galáxia, pois outros povos de outras galáxias não a reivindicaram. Isso pode parecer engraçado e, ainda, será por muito tempo até prova em contrário.

Existem milhões e milhões de espécies de seres vivos animais na terra. Na Amazônia, centenas de espécies disputam território, sobrevivem a uma série de intempéries. Há movimento das espécies animais e vegetais em cima e debaixo da terra. Vivem e convivem de forma harmoniosa em uma salutar forma de aceitação entre sobreviventes da corrente alimentar das espécies. A natureza fala e dita normas a todos com a força dos ventos, movimentos na terra, chuvas e enchentes. Em especial, as formigas-de-fogo, bravas guerreiras que vivem sob a terra, lutam para conseguir sobreviver às fortes enchentes devastadoras das terras amazônicas, em que os rios são apenas detalhes nessa complexidade da floresta verde e gigante ao norte da América do Sul. E como essas formigas tão selvagens, capazes de devorar em poucas horas pequenos e médios cadáveres de animais, conseguiriam sobreviver ao movimento das águas? Elas conseguem sobreviver, dependendo da espécie, a partir da união singular entre todas ao formarem uma ilha de formigas. Assim, se movimentam em cima das águas e encontram terra para seguir o caminho natural e evolutivo da vida. É como se fosse uma balsa de formigas pregadas umas às outras, de alguma maneira, em movimento conforme a correnteza. Naquele momento, há uma forma de merecimento em sobreviver a partir do instinto de sobrevivência na aceitação do fenômeno natural. Mas há uma comunicação entre elas, as formigas, para se prenderem e lutarem pela vida. Se uma ou outra se perdeu, isso faz parte do jogo, o importante foi a formação do elo entre elas. Há um elo pela sobrevivência, assim como há um elo entre as pessoas que interfere de alguma forma na sobrevivência de seres humanos distintos, sem sequer um dia terem se conhecido. É como se fosse a inserção de uma lógica matemática entre vários indivíduos que agem, movimentam-se e vibram em frequências imperceptíveis aos olhos humanos, mas visíveis quando evoluem e entram em sincronia com outras pessoas, algo bem elementar aos olhos.

Essa comunicação invisível dá uma sensação de que o ser humano e também outros seres vivos foram feitos para interagir, ou seja, nasceram condicionados a se comunicarem a partir de informações numéricas do DNA, com o objetivo claro de preservar a espécie. Por exemplo, centenas de bebês pelo mundo nascem diariamente em locais diferentes, porém no mesmo horário universal. O tempo da Terra não é o mesmo do Universo, por exemplo, para Einstein, o tempo não existia, nem o presente, nem o passado, nem o futuro. Todavia, há exatidão entre os locais e o posicionamento dos planetas. Uma criança, um ser vivo, é composta de vários sistemas que se integram e formam o corpo que todos veem e, além disso, existem os órgãos internos, as células e muito mais. É como se os sistemas internos, de trilhões e trilhões de células em movimento, cumprissem ciclos de vida com a ajuda química de proteínas, moléculas, sais e outros elementos para a formação do DNA. É como se um ser vivo fosse um grande planeta cheio de detalhamentos e de movimentação constante para poder respirar e sentir outros organismos vivos no planeta, e o planeta, na galáxia, e a galáxia, noutras galáxias e por aí vai.

A respiração de uma criança é um acontecimento de vida. Ao sair da barriga da mãe e entrar imediatamente em contato com as energias do planeta, há predisposição a se comunicar de fato. O instinto fala mais alto e, ainda de forma imperceptível, há uma comunicação dela, daquela criança, com outras crianças que nasceram no mesmo horário. É um acontecimento biológico e também jurídico quando existe vida naquele ser que acabou de sair da barriga da mãe e, ao respirar, com o ar adentrando pela primeira vez nos pulmões, irrompe um choro em mais um milagre da vida proveniente de algo maior. É um verdadeiro feixe de luz na vida de uma família, explicável sob diversos aspectos, espiritual e físico. E o cordão umbilical será um mero detalhe importante de garantia de vida por vários meses até chegar naquele ponto emblemático de estar em contato com as energias do planeta e com o ar. O corte desse cordão corresponderá a vários simbolismos culturais além do fato biológico, mas em especial representa um ser dotado de individualidade, desejos, criatividade, sonhos e muito mais que a vida dispõe. Há um caminho a seguir, talvez uma jornada de vida para triunfar.

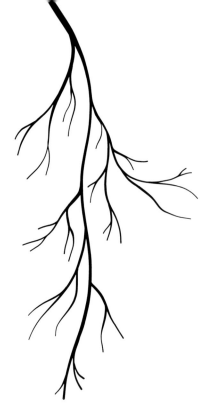

ELOS

  É interessante perceber que os elos entre as pessoas não se dão apenas de forma física, como o sangue. Existem outros elos com as pessoas da família, com as pessoas que nasceram no mesmo dia e hora, com as pessoas da mesma geração, com as pessoas da mesma cultura. É como se o destino, conforme a letra da música interpretada por Tetê Espíndola, "...está marcado nas estrelas". Apesar disso, a comunicação humana se diferencia e pode tornar as pessoas mais aptas a captar as mensagens, mas, em termos práticos, para essa ação comunicativa se tornar cada vez melhor, será necessário aprender a ler essa realidade, ler e interpretar fatos de uma forma maior e cultural, evitando preconceitos ou ideias preconcebidas, no entanto, pautada na razão, em fatos e nas ideias. Será gradualmente construída e aprimorada uma comunicação entre os seres humanos em que o maior beneficiário serão os próprios humanos para o desenvolvimento da espécie. Tal desenvolvimento, se pensar sob o ponto de vista evolutivo, é inevitável, pois é a ordem dos fatores naturais na terra.

Os elos encontram-se em diversos momentos tidos como "coincidentes" na vida. Apesar do termo elo requerer pensar noutro termo como o substantivo vínculo, o sentido é diferente. Eu posso estar ligado a uma pessoa, mas não estar vinculado a ela. É esse o sentido pretendido nessa abordagem. Estamos num verdadeiro sistema emaranhado de teia invisível, numa espécie de sincronismo com outras pessoas, em que as sensações e os acontecimentos, por mais diferentes que sejam, representam efeitos quanto ao olhar, ao viver, ao sentir, ao receber toda aquela carga de energia. Existe uma história, só para exemplificar, sobre o príncipe inglês Charles, nascido em tal data, hora e cidade. No mesmo horário, local e data, nasceu outro garoto, menos abastado, filho de um trabalhador braçal, um ferreiro. De um lado um filho da realeza e de outro o filho de um trabalhador ferreiro. Duas vidas e dois destinos bem distintos. Talvez. A imprensa mundial, há muitos anos, anunciou a famosa queda do cavalo do príncipe Charles. Quase no mesmo horário o filho do ferreiro se machucava na fábrica. Essa história é bem conhecida por estudiosos da Astrologia e retrata o fato óbvio dessa energia cósmica interferindo na vida de duas pessoas.

Todas as pessoas nascidas no mesmo horário, data e local se depararão com acontecimentos durante a vida em uma espécie de provação para viver a inevitável experiência. É evidente e lógico que cada um irá enfrentar as situações na vida de forma diferente, pois há outros aspectos que envolvem cada pessoa, diferenciados na maneira de ver a vida, inclusive a hereditariedade e o processo de educação com pais e parentes na formação da personalidade. Além disso, há outras pessoas pelo planeta que nasceram em locais diversos e terão de enfrentar situações semelhantes durante a vida. Acontece que o elo não se dá somente a partir disso, existem outros detalhes a serem considerados, como empatia, carisma, afeição, identificação, todos capazes de traduzir, em parte, os efeitos da existência desse elo. Os chineses têm um mito cultural da existência de um fio vermelho preso, por deuses, ao tornozelo de várias pessoas pelo mundo. Esse fio nunca se partirá. Há um emaranhamento durante a vida, mas o fio nunca se parte. Estica, enrola, torce e contorce, mas está lá, criando conexão com as pessoas como se o destino realmente estivesse traçado entre elas.

Conseguir conhecer pessoas formadoras dessa teia, unidas por elos invisíveis, talvez por um simples detalhe interessante do destino, pode representar vários significados. Às vezes é somente o simples fato de conhecer ou reconhecer afinidades; às vezes é a representação típica do poder das palavras e o peso que terão na vida de ambos; às vezes pode ser somente a alegria de estar em contato naquele momento certo e o significado do instante. Nunca uma conversa com um desconhecido em um ônibus, ou em um avião, ou em uma loja, ou em uma fila de banco serão somente palavras arremessadas ao ar. Existe sempre algo maior, mesmo na simples conversa corriqueira do dia a dia. Existe algo nas palavras que podem ser sinais, porém a interpretação é individual e por isso esse exercício é importante de se realizar durante a vida. Um simples "olá", ou um simples "Bom dia", um "Tudo bem?", "Como vai a família?", "Nossa você está bem mesmo, não é?". Essas frases típicas do cotidiano não são meramente burocráticas, estáticas ou que servem necessariamente para um ato de cortesia. Há muito mais por trás dessas palavras, tanto na intenção de quem fala, diga-se, essa intenção pode ser consciente ou inconsciente, como no efeito de quem ouve, ou seja, como aquelas palavras serão ouvidas e interpretadas.

Não é preciso acreditar em elo, na influência dos astros do Espaço em relação à Terra, nos efeitos físicos e gravitacionais da energia entre os planetas em volta do Sol, se a Lua interfere ou não nas águas, se o corpo e a mente humana sofrem influência das fases da Lua. É somente o fato de se constatar fatos básicos que muitos veem, percebem, vivem, presenciam, para assim procurar entender sob algum prisma o que a obviedade dos fatos demonstra claramente. Os seres humanos têm na curiosidade, e com o poder da observação, a capacidade de pensar e refletir para se chegar a conclusões. Isso é perfeitamente natural e a História, incluindo as Ciências, muito se beneficiaram e se beneficiam desse poder. Mas fica a indagação: até que ponto pode se considerar os elos apenas uma criação fantástica da mente imaginativa de alguém ou crer em algo mais nas coincidências da vida simplesmente a partir de constatações claras e lógicas?

É fato as divergências de opiniões sobre assuntos dessa natureza, sobretudo quando se tem o lado moral em destaque. De um lado, a corrente que não aceita a hipótese da não comprovação de fato real dessas coincidências e, de outro, a corrente que vê, observa e tenta encontrar razões, incluindo a Matemática, a Física, a Astronomia, para comprovação do que simplesmente a pessoa vê e constata na vida cotidiana. Convenhamos, é difícil a comprovação se não houver procedimentos claros para permitir se chegar a uma verdade. A Astrologia se apropria de dados científicos de várias Ciências a fim de justificar, por métodos pragmáticos e também com base no conhecimento milenar, com a existência de vários estudos comparados, que há um sentido para acreditar nas interferências dos astros na Terra. Inclusive, utiliza, por alguns astrólogos, estudos com base na metodologia científica tradicional da dedução e indução para se chegar a conclusões sobre os efeitos da movimentação dos astros em relação à Terra e às pessoas.

Ora, se a pessoa acredita ou não, não vem ao caso no momento, o importante é conseguir uma visão maior sobre tais assuntos tão corriqueiros na vida de um cidadão. Desconsiderar simplesmente por desconsiderar, sem a capacidade de entender holisticamente um fato existente, por exemplo, de se lembrar de uma pessoa que há anos estava sem contato e, no mesmo dia, coincidentemente, encontrar aquela pessoa, pode ter significados. Então, omitir ou não querer enxergar teria uma razão? Dessa forma, além desse exemplo simples e corriqueiro já acontecido provavelmente com a maioria das pessoas, vêm as perguntas clássicas: e quando uma pessoa intui sobre a ida a um local e se livra de um acidente fatal? E quando a pessoa não embarca em um avião e não se envolve num trágico acidente aéreo? Tais coincidências podem até ser meras coincidências, mas convenhamos, apesar de não existirem explicações científicas ou explicação lógica, sem considerar doutrinas de cunho espírita ou religiosa, deixam boa parte das pessoas perplexas. Por essa e outras razões sempre falo aos mais próximos que quando encontramos alguém em locais públicos e logo após novamente nos falamos, há algo a ser interpretado.

Volto ao hall do hospital. Há muita movimentação de pacientes e acompanhantes pelos corredores. Há aflição no ar, talvez pela entrada de novos pacientes graves. Vejo gente se revezando no ato solidário de cuidarem de pacientes. Não dá para perder a esperança, jamais. Sempre haverá uma mão amiga para ajudar. Encontro uma senhora sentada numa cadeira de rodas. Ela me explica ser diabética e estar passando por sérias dificuldades com a vida cotidiana. Uma das maiores preocupações dela era o fato de não poder ingerir alimentos de que ela tanto gosta, como arroz, farinha, doces e vários outros que afetam fortemente a glicemia no sangue. Ela, muito revoltada, bradava contra o tratamento a que estava se sujeitando. Ela já estava sem alguns dedos dos pés, devido à doença, e a pele do corpo muito ressecada, além de bastante queimada e agredida pelo sol. Somente me restava acalmá-la e tentava em vão esclarecer alguns assuntos sobre a diabetes e a necessidade de se manter firme com o tratamento. Eu falava e ela retrucava. Um verdadeiro debate entre correntes opostas. Quando ela foi chamada à sala para fazer um raio x, o técnico de enfermagem já franziu o semblante como se a conhecesse. Ela começou a esbravejar e dizia que todos ali só queriam o mal dela, que não era um médico despreparado que teria moral para fazer ela mudar de ideia e desconsiderar a comida de seu gosto. Havia com aquela senhora uma revolta imensa contra a vida, contra a própria vida. As dificuldades materiais talvez sejam mínimas perto da dificuldade de avaliação dela sobre a própria vida. Aquela revolta e acidez a impediam de se ver, parecia que algo a mais freava qualquer tentativa de acabar com a complexa luta entre os desejos materiais e a necessidade de se salvar. Essa velha luta, por sinal, é de muitos e se conduz por caminhos muitas vezes difíceis entre as escolhas conscientes e inconscientes. E volta o "mestre tempo", só ele muitas vezes para descortinar o véu do mundo real.

Volto ao leito, e o médico entra, faz algumas considerações sobre meu estado e cogita a possibilidade de alta no sábado, dia 14 de julho de 2018, mas se tudo estivesse ocorrendo bem, como estava, poderia antecipar a alta. Já fiquei empolgado com a possibilidade de voltar para casa e abraçar minha filha. Alguém me contou a empolgação dela com meu possível retorno antecipado. Já sentia o cheiro da casa, dos livros e, ainda, minhas outras paixões, minha bateria, se é que dá para compreender esse amor bandido por um instrumento musical.

Não há músico na Terra que, quando chega a uma loja de instrumentos musicais, não se sinta num verdadeiro oásis, como diria meu amigo Frejat, em um parque de diversões. O fato de ter o dom de tocar e aprender durante a vida a técnica de um instrumento para refletir sentimentos e, em alguns casos como o meu, expurgar o que há dentro tocando vorazmente os tambores numa banda de rock, dá-me a nítida impressão de fazer parte de outro planeta, sobretudo por ter de carregar os encargos diários de uma vida considerada normal de músico, professor e servidor público. Por falar em música, dia 13 de julho, um dia antes de minha possível alta, é Dia do rock! Será coincidência?

Já sinto os efeitos da mudança na alimentação. Há um estado de satisfação ao consumir quantidades bem-menores e com qualidade superior à que estava acostumado. Em casa, apesar de tudo, sempre primamos por alimentos de qualidade, sem gorduras saturadas, sem sal e pouco açúcar. Antes de minha cirurgia já adotávamos o consumo de frutas gradualmente. Acontece que de forma inconsciente e por diversas atividades cotidianas, a ansiedade tomava um espaço grande na mente. Entre um e outro café estavam lá as massas e tudo que tinha direito. Sem qualquer razão, comia ou, como diriam, engolia alimentos para cobrir um vazio do inconsciente. Deu no que deu.

A primeira conclusão que estava chegando era quanto aos alimentos integrais: arroz, pão, macarrão, entre outros. As fibras e a alimentação integral têm a capacidade de reverter o quadro de uma alimentação sem compromisso com a saúde, mudando para uma alimentação saudável ao visar o bem-estar. Sentia na pele o reflexo dessa alimentação nos primeiros dias de consumo de alimentos com valorização de carnes brancas magras, legumes e massa integral. Todas na medida para reforçar minha disposição. Já começava a pensar na logística de ter de continuar aquele processo quando saísse do hospital. Uma das situações já era o preço desse tipo de alimento, bem mais caro do que os convencionais. Talvez pela pouca demanda e da pequena produção pelo Brasil. Mas lembrava nas gôndolas dos supermercados que havia um pequeno espaço para esse tipo de alimentos. Inclusive lembrei das reclamações de uma amiga do trabalho que segue religiosamente uma alimentação com base nessas escolhas mais saudáveis, ricas em fibras e com baixos níveis de sódio, quanto a pouca oferta de produtos dessa natureza até bem pouco tempo. Mas nem adianta sofrer ou me preocupar por antecipação, até mesmo porque tenho a impressão de que encontrarei soluções viáveis para seguir em frente.

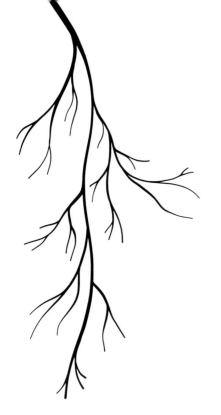

GUARDAR DO LADO ESQUERDO DO PEITO

Em uma conversa com meu pai, perguntei se, no auge dos sessenta e poucos anos, ainda dava para encontrar ou fazer boas amizades na vida. A resposta foi curta e grossa: "É claro, rapaz! Olha meus amigos que caminham comigo na Doca, praticamente aprendemos a nos conhecer durante as longas idas e vindas para manter a forma. Nunca é tarde para conhecer alguém". Naquele dia, tomando um bom café, ele disse tudo que eu precisava ouvir. Nunca é tarde para nada nessa vida quando se tem consciência de seu papel. Para uma amizade, isso é fato. E uma das tarefas de reconhecimento mais incríveis que uma amizade pode proporcionar é justamente o feedback a respeito de temas sobre a vida, desde temas universais até avaliações de problemas simples do cotidiano, de se conversar sobre amenidades e rir um pouco da vida e da própria condição imposta por ela. E, ainda, ser solidário nos momentos oportunos, dizer não e sim, concordar e discordar, dar a mão e afagar, dar uns tapinhas nas costas e dizer: "Então vai, seu cabeçudo de uma figa!" É ter confiança e liberdade para manter o diálogo aberto.

Evidentemente que são apenas pequenos exemplos básicos, existem outros, talvez até bem mais importantes. Será possível amizade com os animais?

E o coração quando tem amigos, justamente aqueles que te conhecem e reconhecem seus motivos, entenderão e não se decepcionarão, apenas darão boas risadas, se é que me entendem. Existem muitos ditados sobre amizade, alguns bem impositivos e que colocam as pessoas praticamente na parede se não tomarem uma posição. "Amigo é aquele que fica ao seu lado na hora da dificuldade". Mas e se o cara não puder estar lá por vários motivos? Amizade, então, é medida por aqueles momentos ruins? Não necessariamente. As amizades se dão nos bons momentos também. Esses bons momentos fazem parte das amizades. Os momentos ruins também fazem parte dessas medidas, e não se pode considerar isso ou aquilo como medida líquida e certa. A amizade é muito maior e não pode ser medida considerando um ou outro ponto, apesar da capacidade de julgamentos. Por exemplo: amigos sempre têm de estar por perto? Claro que não. Isso é coisa de irmão e, que em alguns casos familiares, necessariamente nem são tão amigos assim, basta ler a Bíblia e a História para ver os casos do tipo. Muitas vezes uma amizade surge de um momento peculiar na vida de uma pessoa, como um salvamento, uma ajuda especial, um reconhecimento e por aí vai. As conexões entre as pessoas se dão a partir de pontos de afinidades e de pontos de vista a respeito da vida. É importante reconhecer o quanto é importante a alegria nesses momentos de estar ao lado de um amigo conversando. Por isso entendo bem o quanto um amigo faz bem ao coração, não somente pelo conforto de fazer parte de uma vida, mas pelo fato de celebrarmos os encontros.

E por falar em amizade, quando apertei no ponto-final do parágrafo anterior, um aparte aconteceu, justamente depois de quatro meses de operado, toca o telefone e é uma pessoa muito amiga, um exemplo de pessoa, de mulher, de professora e de história de vida. Ela soube o que ocorreu comigo e se espantou pelo fato de eu ter ido participar como debatedor no programa "Sem Censura Pará" da TV Cultura com apenas quatro meses de operado. Estou realmente em um processo lento de sair e de retomar minhas atividades laborais, pois ainda tenho ressalvas médicas para conseguir retomar minha vida, minha independência. E sair para iniciar os trabalhos faz parte desse processo de recuperação gradual.

Bem, a professora viu na TV que a apresentadora do programa falou que eu havia retornado "depois de um tempo no estaleiro". Ela me viu sorridente e com a voz forte ao participar das entrevistas com várias pessoas naquele dia. Fiquei muito feliz com o telefonema porque, além de ser uma pessoa de grande consideração, ela possui uma sabedoria única. Uma sabedoria de vida e um exemplo a seguir. Ela comentou não conhecer alguém com tantos problemas de saúde como os dela. São muitas histórias de doenças superadas, inclusive o câncer. Por último, ela fissurou a cabeça do fêmur e não pôde ser operada devido a problemas no pulmão, ou seja, a recuperação levou quase dois meses e a consolidação dos ossos teve de ocorrer de forma lenta e gradual, sem intervenção cirúrgica. Foram muitos dias da cadeira de rodas para cama e vice-versa. Um sacrifício imenso para uma senhora com bom tempo de idade. O mais incrível é a alegria de viver da professora. Ela ri dela mesma. Não há tempo ruim. Atualmente foi obrigada a andar pelo resto da vida com auxílio de uma bengala e ela sem pestanejar: "Vamos lá. Quero uma bengala diferente, com cor diferente". E a vida começou a ter outro sentido para ela, sobretudo no cotidiano, não somente pelo fato de ter de se adaptar à nova forma de andar e conseguir cumprir as exigências do cotidiano, mas talvez, segundo ela, porque ela ri dela mesma e talvez nem se leva tão a sério. E sabe qual é a cor da muleta? Lilás quase reluzente. Cor, por sinal, especialíssima relacionada à energia cósmica e espiritual. Essa cor representa, segundo os místicos, a cura e a purificação da alma. É a possibilidade de transformação em algo maior. É justamente nesse ponto que merece especial consideração, por isso resolvi contar um pouco a história dessa professora, um exemplo de vida.

As histórias de vida são verdadeiros filmes individuais e, em especial, algumas poderiam estar nas telas do cinema. São obras-primas da vida real a serem compartilhadas para se aprender com os erros e os acertos nos direcionamentos tão naturais da própria vida. Ouvir as histórias de um pescador, ouvir uma pessoa do interior com seu cabedal de conhecimento e vivências, muitas vezes, no meio do mato, e muitas e muitas histórias anônimas de pessoas simples por esse mundo afora pode ser a oportunidade única de perceber várias lições que praticamente ocorrem bem na frente dos olhos de um urbanoide. Lições de vida que se completam e se unem a sua. Às vezes, uma simples frase pode ser significativa num encontro fortuito entre desconhecidos, por exemplo, numa fila de banco. É possível, inclusive, que algumas frases de um diálogo mexam de certa forma em uma válvula do cérebro e comece uma verdadeira ação em busca de um desejo ou objetivo de vida. A vida tem dessas coisas, por isso estar apto a ouvir, ler e interpretar podem ser passos significativos para se obter respostas.

Não há melhores, não há gente superior, não há hierarquia quando o humano entende o que pode executar, fazer por si e se tornar, em boa parte, independente. Quem disse que um diploma superior é tão superior assim ao ponto de desconsiderar as ideias de uma pessoa sem tanta instrução formal? Um nativo da Amazônia ou de qualquer parte do mundo tem muitas vezes um conhecimento e sabedoria de vida suficiente para se manter vivo e em harmonia com outras pessoas, porém, por opção, escolheu viver distante dos grandes centros, sobreviver a partir do que a natureza lhe proporciona, longe da lógica urbana do consumo pelo consumo, do poder da imagem, do poder dos bens materiais travestidos de prosperidade e de felicidade. Os significados e conclusões do conhecimento daquela pessoa, esteja onde estiver, poderão representar algo palpável e útil na condução de vida pela sobrevivência e isso não seria privilégio dos amazônidas, pois essa experiência é importante para a vida, vivida onde quer que seja.

Em uma região inóspita no meio da selva amazônica, o conhecimento de um diploma, dependendo da situação, será até certo ponto irrelevante, porém o conhecimento basilar de sobrevivência e de informações sobre plantas, perigos, caminhos, rios, animais, entre outros, terá serventia diferenciada. Essa comparação bem-radical, resguardando as proporções, serve para demonstrar que há somente um caldeirão da vida, estamos todos nele e precisamos um do outro para conseguir a superação em um processo claro de evolução.

Um sorriso de uma senhora ribeirinha na janela de sua casa suspensa na beira do rio, mesmo com toda a dificuldade material que os urbanoides pensam que existe ao fazerem comparações com a vida dos prazeres da cidade, tem um significado especial. Aquele sorriso não é apenas de um simples gesto burocrático de cumprimento e, talvez, de conformação com o pouco que tem. Pode ser outro tipo de reflexo natural do tipo: "Estou muito bem aqui, e aqui é meu lugar onde nasci e onde quero morrer. Aqui eu sou feliz e tenho minha família, meu canto e meu povo". É um pouco da tradução das imagens descritas na letra da música "Esse rio é minha rua" do mestre Ruy Paranatinga Barata e de Paulo André Barata, famosa na voz de Fafá de Belém, ao vincular duas vivências, a primeira diante dos rios e a outra no contato com a cultura de lendas e encantos da Amazônia paraense.

Um terno escuro, um carro, um grande apartamento, uma joia de ouro e muitos outros símbolos da satisfação e da felicidade de muitas partes do mundo, naquelas regiões do meio da Amazônia, praticamente não têm o mesmo sentido. É como se o paradigma fosse outro e os valores se concentram no básico e na simplicidade para sobreviver com o contato e a solidariedade das pessoas. Esses valores podem até ser dimensionados de uma forma ou de outra, mas entender a existência e a valorização desses aspectos relevantes naquele meio faz parte da compreensão e da assimilação de informações gerais sobre a vida e a cultura de um povo. Enquanto uns se contentam com muito e querem mais e mais, outros vivem muito bem com pouco, com o básico. Enquanto uns querem sossego, outros querem ação. Mas o que seria considerado muito ou pouco quando nos deparamos com as ofertas do mundo midiático e a formação de desejos?

A imagem real e simbólica de uma família num típico trapiche de madeira na frente de uma casa na beira do Rio Pará no meio da Amazônia é a literal fotografia de muitas possibilidades entre valores complexos de uma sociedade movida pelas ações dos homens, entre o dar e o retirar, em uma forma de diálogo entre a sobrevivência, a ganância, a liberdade, a prisão. Para alguns, a simplicidade de um nativo das matas pode parecer uma imagem exótica extraída de um filme típico e, para outro, essa imagem pode representar também algo muito maior, a luta de uma família, talvez de um povo, que teima em sobreviver não pelas dificuldades naturais de morar em lugar quase inóspito, mas por lutar contra o próprio homem, justamente aquele munido de valores típicos ao justificar desejos e também ações exploratórias a partir de exemplos e argumentos com as seguintes palavras: ajuda, tecnologia, modernização, nova vida, mais condições, oportunidades. Foi assim em vários momentos da história com as etnias indígenas na Amazônia, que pagaram um preço por lutarem pela sobrevivência de suas culturas e se infectaram com doenças em razão do contato com o homem branco e homens da cidade. Pagaram com o sangue e a dizimação histórica de várias etnias por ousarem ter se contraposto aos invasores ou se aliado a eles.

Essa tragédia a céu aberto, contada pela História na formação da nação brasileira, em especial na paraense, dão em parte o tom do que representou e representa para as famílias que optaram em viver nas florestas e das florestas. E então aparece a nítida imagem de outra ribeirinha acenando para as embarcações viajantes em frente à casa e ainda consegue mostrar cortesia ao sorrir com satisfação a todos que por ali trafegam. Essa mesma história poderia, talvez, ser diferente: "Olá, vocês de outros lugares, bem que poderiam me deixar em paz?", ou "Olá, meu povo, vão com Deus, mas se puderem me ajudar...". Existe uma prática, bem-típica nessas beiras de rios do Pará, em jogar sacos plásticos com alimentos leves a fim de boiarem nas águas para as famílias que acenam e clamam por comida e outros objetos ao navegarem em pequenas canoas, conhecidas como cascos. Crianças pequenas, senhoras e rapazes disputam aqueles sacos plásticos no meio das águas e das ondas provenientes do movimento das embarcações maiores. As crianças se divertem no meio das canoas e, algumas, chegam a ficar bem perto dos pequenos e médios navios que desaceleram para facilitar a vida dos ribeirinhos. É uma quase tradição essa prática de arremessar alimentos. Evidentemente não são todos que têm essa disponibilidade de buscar esses alimentos dos navios. Existem aqueles que moram para dentro das ilhas e vivem exclusivamente da caça e das fontes de subsistência da selva.

A comunicação mais elementar da vida cotidiana é perceptível ao trafegar em uma rua de grande movimentação, basta observar os semblantes de centenas de pessoas das mais diferentes formações e culturas quando se entreolham, esbarram-se, esperam nos sinais, dão passagem, pedem desculpas, dizem obrigado, pedem licença e muito mais. Aquele tipo de comunicação é um sinal de aceitação com o fato de estarem ali e fazerem parte daquele mundo. É como se fosse o seguinte: "Estamos no mesmo barco por vivermos aqui e sobrevivermos nesta cidade, neste estado e neste país". No meio da Amazônia ou na beira de um rio, em que uma família acena cordialmente para quem trafega, pode se traduzir essa necessidade de fazer parte do todo. De estar junto e de viver na mesma terra. E pensar que tudo isso acontece diariamente bem ao lado, praticamente na frente de Belém, nas ilhas que formam um arquipélago com braços de rio rumo a outros cantos do Pará.

É uma imensidão incrível navegar por um rio como o Rio Pará. A dimensão de tudo é sempre maior do que simplesmente se possa imaginar. Há um clima misterioso no meio da mata e num rio desses a céu aberto. Não entendia o porquê minhas tias-avós de Cametá, ao invés de tomarem banho no rio, diziam ser no mar. Depois entendi a razão. Era porque o rio chegava a ficar tão largo e gigantesco que não dava para enxergar a margem do outro lado, como se fosse um mar em que a linha do horizonte era o limite.

Há, constantemente, diálogo entre os seres humanos e a natureza. O rio conversa com o caboclo ribeirinho; a mata impõe respeito àqueles que vivem dela; os animais e as plantas têm lá seus sinais e formas sutis de se comunicar. É como se houvesse necessidade imperiosa de se sintonizar, de dar e de receber, em uma eterna espera por mensagens e também conexões. Inserido nesse mundo, em especial no mundo Amazônico, é importante aprender a ler a realidade. Ouvir os sons, ler os movimentos dos bichos, os sons da mata, sentir o cheiro no ar, observar a posição da Lua e dos planetas visíveis, ver o cair das chuvas, olhar a maré-cheia e a maré baixa. Ter contato com a escuridão da mata fechada, o vazio da terra, o ar parado, como se estivesse em outra dimensão. Esse diálogo, segundo as lendas, pode virar intromissão e é quando os homens falam: "Eu vou por aqui". E a mata responde: "Então vai e espera o que vai te acontecer". Os sinais da natureza mostram códigos para quem a conhece e sem qualquer significado para um inexperiente. Isso, às vezes, pode custar muito caro a um aventureiro.

Ler a realidade e fazer as conexões com o mundo é um trabalho que requer prática e humildade, principalmente se a pessoa não conseguir se desvincular de ideias preconcebidas. Muitas vezes, a dificuldade em se desvincular encontra uma base muito forte da cultura pessoal. No entanto, nem sempre os modelos e os paradigmas servirão para todas as situações encontradas pela frente, por isso é preciso se despir de preconceitos, não para aceitação total e irrestrita, mas para entender as diferenças e outras formas de ver a vida. Dessa forma, manter a mente aberta para ler o mundo, sem as amarras naturais impostas, já é um exercício significante.

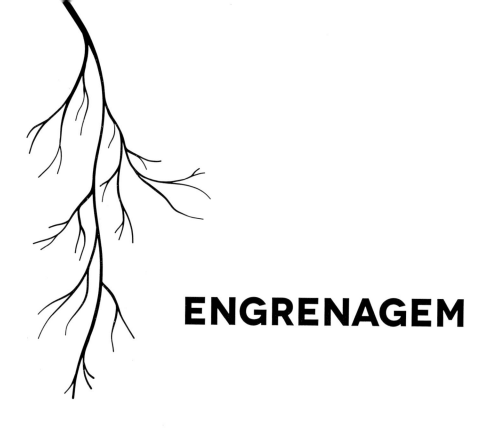

ENGRENAGEM

    O ser humano é capaz de fazer a diferença em tudo, inclusive na constante batalha para se superar. Toda pessoa tem um significado pontual para os efeitos na aldeia global, sejam mínimos ou grandes, em que o ideal é a formação de algo maior, talvez denominado de engrenagem global. Qualquer nascimento e desenvolvimento de um ser humano, ou diria um ser vivo, tem um efeito que poderá, até certo ponto, ser quantificado em uma peça de um mecanismo em série com efeitos claros nessa engrenagem que, inicialmente, tem um efeito local e gradualmente global. A lógica é a seguinte: uma pessoa come um tomate. O tomate é plantado por outra pessoa noutra região que alimenta outras e mais outras. Quando, ao final de tudo, o consumidor come o tomate, estará fornecendo subsídios e interferindo em toda aquela cadeia alimentar. O ato de se alimentar conecta a pessoa a outras pessoas, famílias para ser mais exato, incluindo aquelas que transportam e outras que arrumam o tomate na prateleira de um supermercado ou feira. Há toda uma cadeia devidamente ligada com uma logística pronta para ser acionada para se chegar prontamente a um resultado. Se pensar mais detalhadamente, até o momento posterior à excreção do alimento ainda haverá pessoas envolvidas, com o saneamento e tudo mais. E depois vêm os peixes, a poluição das águas nas baías e rios, as praias e o retorno de tudo, de alguma forma, como se todos participassem de uma logística circular de renovação constante de preservação do homem pelo homem. Essa logística, se pensar bem, poderá ser quantificada matematicamente, porque tudo são números traduzidos em quilos, quilômetros, área quadrada, espaços, velocidade, entre outros.

Ora, mas se observar o ponto de vista biológico apenas, não há superioridade de uma pessoa em relação a outro ser humano, todos estarão nivelados com importância real, inseridos em um mecanismo definido em que os seres vivos se complementam na arte de viver. Dessa forma, cada pessoa tem um significado muito especial. Todos precisam de todos e todos devem respeitar esse mecanismo de viver nesse círculo definido de logística. A atitude de um será sentida em algum momento por pessoas ao se complementarem nesse círculo, estejam onde estiverem.

No mesmo sentido, uma decisão política, por exemplo, poderá ocasionar um efeito cascata, dependendo do alcance, e interferir em outros círculos, como o biológico, o econômico, o estrutural. Uma decisão de um prefeito poderá, com uma simples assinatura de um decreto, ou seja, de um pedaço de papel, representar a resolução do saneamento de uma rua, onde várias famílias poderão se beneficiar com mais saúde até a valorização de seus imóveis. Isso, internamente para essas famílias que moram no entorno daquela rua beneficiada, com uma simples "canetada", se transformará em algo maior que se refletirá primeiramente em um círculo menor, isto é, na própria família, e posteriormente em algo maior no grande círculo que representa a comunidade, a cidade e as regiões próximas até chegar no estado e por aí vai.

Assim, fica fácil também vislumbrar o que representa outra "canetada" clássica, no caso de um ministro do governo federal relacionado à agricultura e toda espécie de ingerência na alimentação, considerando preço e qualidade dos produtos básicos de um simples prato de comida disponível à população. Será que o feijão, o arroz e as proteínas realmente obedecem a um rígido controle de qualidade para fazer a diferença à população? E outro gestor, como o ministro da saúde, também importante agente político nos destinos de uma população, poderá definir até o tamanho das filas de espera em hospitais públicos; a quantidade de remédios a serem destinadas aos hospitais e postos de saúde; quem terá direito a leito e quem será atendido; e assim por diante. Essa lista é longa e bem fácil de visualizar. Enfim, a engrenagem faz parte de um sistema todo interligado por diversas conexões.

O médico entra na sala e faz as perguntas protocolares sobre meu estado, minha recuperação, se sinto dor, como estou de forma geral. Informo que estou bem e me sentindo melhor. As dormidas iniciais não foram as melhores, mas sentia gradualmente a evolução. Considerando o todo, digo que estou bem, o sono não me preocupa tanto naquele momento, até mesmo porque terei de me adaptar. Inevitavelmente com a prática forçada de dormir com o peito para cima, novos incômodos aparecem nas costas. Os músculos não estavam acostumados com aquela posição. Fazer o quê? Então vamos nos adaptando e com pensamento positivo tudo será para o meu bem. É importante pensar dessa forma, preciso ficar bem. Esse foco individual naquele momento é importante porque sei exatamente, ou imagino, o que me espera em termos de mudança de hábitos e forma de enxergar a vida. Bem, mas o Dr. Katsuro Harada diz que é possível me tirar dali muito em breve, talvez até um dia antes do combinado. Vibrei com a notícia. Faltam poucos dias para isso acontecer. Após a visita, olho para minha esposa e peço para ligar a caixa de som e coloco imediatamente uma música instrumental de uma banda alemã chamada Passport. E logo depois bons rocks fazem parte da trilha sonora compartilhada pelas técnicas de enfermagem que abrem aquele sorrisão ao ouvirem bons rock pesados no quarto. Nem sei se o sorriso é por educação, de espanto ou de perplexidade com tamanha cara de pau de ouvir aquele tipo de música no ambiente hospitalar. O bom é que elas torcem por mim. Via isso nos olhos e na intenção de cada uma daquelas dedicadas trabalhadoras.

AS INCERTEZAS

O futuro para alguns tem algo de assustador, pois não dá para prever nada de forma precisa, evidentemente. Então o que nos reserva o destino a não ser esperar para ver os acontecimentos? Prognósticos, indagações, hipóteses, especulações, previsões sempre fizeram parte da vida de boa parte da humanidade. Os seres humanos na ânsia de oferecer algo concreto sobre o que acontecerá ou deixará de acontecer criam expectativas para lidar com o futuro. Ações cotidianas bem usuais e pragmáticas deixam clara a necessidade de segurança, por exemplo, na vida de um trabalhador em que trabalha para receber e, enquanto não recebe o valor pactuado anteriormente, ficará com a expectativa no ar. Uma pessoa promete que vai a uma festa e aquela promessa não passa de uma possibilidade. Enfim, os detalhes da vida cotidiana dão a nítida impressão de se viver em uma espécie de jogo claro entre o presente e o futuro. Vive-se o agora, o imediato, mas vive-se também pensando no amanhã, sem isso a espécie humana não formularia hipóteses e sequer trabalharia para as futuras gerações sobreviverem.

Mas de uma forma geral, quanto ao futuro distante, faz-se especulações sobre a perspectiva de vida; sobre as especulações a respeito do derretimento das calotas polares nos extremos do planeta; sobre a quantidade de pessoas que o mundo conseguirá absorver com o tempo; sobre a alimentação de bilhões de seres humanos; e muito mais. Acreditar em um futuro ideal em que se mescla qualidade de vida com tecnologia faz parte da esperança do homem por dias melhores. Isso pode mexer com a mente da humanidade, principalmente de teóricos das Ciências Humanas e Biológicas, e o futuro ganha outra proporção à medida que a interferência do homem passa a não ser tão decisiva como se imagina, pois o mundo natural possui leis e condições bem claras e, às vezes, fatais. Então o homem poderia controlar, de certa forma, o futuro? Em outras palavras, até o futuro poderá ser manipulado pelos seres humanos? É impossível controlar o futuro integralmente, mas pode ser possível ajudar a tornar o futuro, digamos, melhor do que o presente, se depender da evolução e da dinâmica de preservação da espécie humana.

Há várias leituras sobre o destino, palavra forte e sintomática na vida de muita gente. É uma palavra com várias justificativas individuais, religiosas e morais. Mesmo assim, ainda recaem dúvidas se há possibilidade de transformar o destino, alterá-lo ao bel-prazer. Seria o destino imutável, isto é, se houvesse uma ordem cósmica ao influenciar cada um de nós a cada instante a partir dos acontecimentos reais e vistos a olho nu, provocados pela movimentação dos astros? Então, bastaria estar vivo para ficar à mercê de acontecimentos provocados pelas energias cósmicas?

Há dados milenares, porém, que apontam para a movimentação dos astros e acontecimentos inevitáveis no planeta Terra. Os planetas formam ângulos entre eles e também aspectos com os luminares – o Sol e a Lua. Cada planeta de nossa galáxia obedece a uma trajetória devidamente atestada e catalogada por cientistas das mais variadas correntes, como a Astronomia, Física, Meteorologia, Matemática, entre outras. Tais números e angulações interferem na Terra e transformam as vidas, incluindo o lado emocional e sentimental como já disse anteriormente. Então o destino, de alguma maneira, poderia ser mudado ou a própria tentativa de mudá-lo já faz parte do destino? E as pessoas fazem parte de destinos coletivos, no caso, uma família, um grupo de amigos, o povo de uma cidade, de um estado ou de um país?

Dessa forma, o destino inevitavelmente excluiria a palavra acaso por predeterminar acontecimentos que dão causa a fatos e ações. Algumas religiões tentam explicar o destino a partir da ideia de um plano maior e superior de Deus para cada pessoa e, justamente nesse ponto, por exemplo, no caso do Cristianismo, a concessão do livre-arbítrio deu ao homem a possibilidade de decidir sobre o próprio futuro. Enfim, enquanto de um lado, pelas razões dos acontecimentos físicos e matemáticos, o destino nunca poderá ser mudado, mas apenas encarado de forma diversa por cada pessoa, de outro, o destino tem no livre-arbítrio a possibilidade de alterá-lo e conduzi-lo de acordo com as decisões de cada pessoa. Diante dessas tendências sobre o destino, poder se conduzir de forma autônoma e enfrentar situações geradas pelo inevitável, como se fosse um livro escrito e determinado, tem um efeito claramente diferente em cada pessoa, apesar de as dificuldades serem semelhantes a todos em diversas partes do mundo. Agora a forma de perceber, encarar, assimilar e, em grande parte, decidir por um ou outro caminho a ser conduzido identificará o carma (proveniente de vidas passadas) ou o darma (proveniente da vida atual) a partir de então.

De volta ao hospital. As pessoas circulam pelo hospital cumprindo papéis sociais e solidários, enquanto outras cumprem naturalmente papéis profissionais e protocolares. A vida se torna uma verdadeira roda que deve girar automaticamente para o efeito singular entre o poder de ação e de reação. E assim se vê nas ruas de grande movimento no centro da cidade em que pessoas andam, olham para o chão, conversam com elas mesmas, franzem a testa, olham mas não veem. Estancam em um mundo frio e da aceitação normal do grande número de transeuntes que se aglutinam nas cidades, com a segurança da individualidade, como se todos estivessem protegidos em um campo magnético de força para rechaçar qualquer pessoa que ouse chegar perto.

Se observar bem essa típica situação de cidades ou, mais precisamente, verdadeiras aldeias de convívio e aglutinação humana, como São Paulo, Rio de Janeiro, Belo Horizonte, Salvador, Buenos Aires, Pequim, Los Angeles e muitas outras, praticamente há uma repetição de comportamento e movimentação de seres humanos, em que somente se muda o endereço dos acontecimentos, mas as reações, apesar das diferenças culturais, são praticamente as mesmas, a maioria das pessoas protegidas em seus campos de força invisíveis. Tudo bem, isso pode se considerar proteção por várias razões individuais e sociais. É a ratificação de um estado de insegurança entre todos, como se fosse um grande mistério misturado a diversos tipos de sentimentos, como o medo, culpa, pavor. Algo até certo ponto natural, mas com o reforço dos reveses sociais em que a sociedade padece na dimensão moral entre o eu e o nós.

Inevitavelmente é impossível se pensar em uma sociedade plena de satisfação material e de felicidade em razão das significativas diferenças de interesses individuais e coletivos entre as pessoas. Talvez um sonho utópico, mas se o ser humano conseguisse entender a igualdade óbvia de serem constituídos biologicamente das mesmas funções e, ainda, se considerar o entendimento ético de respeito à dignidade humana e à vida, será possível um tempo em que o advérbio "talvez", início deste período, dê lugar à certeza de acreditar sim em um presente justo, digno, humano, em que os sonhos representem a esperança da real evolução humana individual e coletiva. E a felicidade se constitua em algo maior e livre de paradigmas meramente materiais.

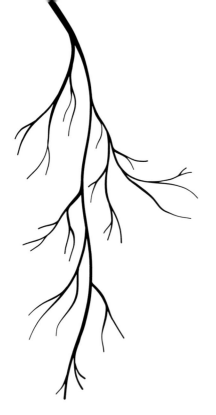

GOOOL

E mais um dia se vai. As notícias da Copa dão o tom do momento. As vitórias, as derrotas, a alegria estampada na face de cada jogador, e tristeza e decepção, na face de outros, incluindo os jogadores de destaque em que se depositavam confiança de seus países e fãs de outros lugares do mundo. É isso aí, uma hora se ganha e noutra se perde. É o ciclo natural do aprendizado, perdendo ou ganhando, haverá sempre uma lição. Com o Brasil desclassificado, as opiniões de cronistas, especialistas e jornalistas são muitas. De quem foi a culpa? Sempre a culpa, o "bode expiatório", só para variar. Alguém tem de ser responsabilizado. Essa é a lógica, tem de responsabilizar alguém para amenizar politicamente a situação. E a Copa cria novos astros, novos times e novas maneiras de se jogar. As formas de jogar mudam e com o tempo mostram novos caminhos e concepções de estrutura de equipe. Não dá para pensar somente na superseleção brasileira de 1970, com toda aquela constelação de astros do futebol mundial. Marcaram uma época? Sim, isso é bem claro para a entidade mundial do futebol.

Mas não é somente do passado que se vive, é importante aprender com as novas técnicas e os paradigmas representativos que marcam a atualidade. Os avanços tecnológicos incluem novos ingredientes nutricionais aos atletas, aspectos relevantes de condicionamento físico, novas táticas de jogo e de fundamentos, além de um dos principais dilemas dos esportes, a psicologia esportiva e as várias formas de se superar diante das adversidades. Em todo caso, são apenas alguns detalhamentos a respeito da representação e seriedade que envolvem a superação do homem por ele mesmo nos esportes e por que não, resguardando as devidas proporções, na vida? O esporte, em especial, o futebol encontra na população brasileira, relevância, afinidade e muita audiência nos eventos televisionados. A Copa faz praticamente parar o país na hora dos jogos da Seleção, seja ela onde for. Mas não é somente isso que acontece há muitos anos, a camisa amarela é um espelho nítido das ruas, da cultura e da superação do povo brasileiro que se vê ali, nos estádios e nos campos de futebol, representado por ídolos. A paixão pelo futebol pode ser explicada sob diversos aspectos e áreas do conhecimento, mas há uma situação determinante para entender essa paixão pela bola, é o fato de uma pessoa de estatura baixa ou alta, forte ou magra, pobre ou rica, isto é, praticamente todos têm a oportunidade de estarem em campo para disputar uma partida. Numa praça, num campo improvisado, na praia ou numa quadra de esportes da escola, é possível ver pelos quatro cantos do Brasil esse verdadeiro redemoinho democrático para se jogar, ou digamos, de se chutar a bola para frente. Até o dono da bola poderá jogar, os bons e os ruins. Todos podem fazer parte dessa festa.

O esporte é uma alegria contagiante quando a intenção é meramente se divertir. O futebol possibilita tal situação, por isso, vestir a camisa do time predileto, ir aos estádios torcer e sentir a vibração coletiva da torcida é algo incrível. As cantorias coletivas, o uuuuuhhhhh, os xingamentos clássicos contra os pobres coitados dos árbitros, as reclamações procedentes e as improcedentes fazem parte do clima irradiante de uma torcida na hora de um jogo. O grito de gol e a euforia coletiva em razão disso, em que todos soltam o berro de alívio depois de tensões pontuais dentro e fora de campo, abrem espaço para uma catarse coletiva. Nesse momento extremo todos se unem em uma só emoção em que não há espaço para preconceitos, status social e qualquer barreira impeditiva de cumprimentar com um aperto de mão e um abraço o torcedor desconhecido ao lado. A única cor é a do clube e por ele se vai até o fim, como diria Dom Quixote. É incrível a seriedade desse processo. E quando o time ganha uma partida relevante, parece que tudo fica melhor e mais brilhante. E quando ocorre o contrário, o time perde? É difícil pensar nessa situação acontecida diversas vezes. É preciso ter maturidade para lidar com a derrota, pois a vida não é somente o futebol. Essa ingerência na vida de um humilde torcedor acontece pela invasão no âmbito do emocional, ou seja, ataca o lado moral de cada coração. A razão nesses momentos, dependendo da pessoa, chega a ficar de lado.

E há muito mais por trás de uma mera partida de futebol em um campeonato profissional. Não é somente a política do pão e circo, da anestesia sistemática da população, da simples guinada de mudança de foco muito usada por governantes e grupos de poder. Há diversos interesses estratégicos de marketing, de movimentação vultosa de capital, de comércio, entre outros nesse verdadeiro mundo do futebol. É como se a paixão de jogadores pelas cores dos times e pela camisa hoje tivesse, e tem, outro sentido justificado sob diversos aspectos inerentes a essa engrenagem gigantesca movimentada pelo capital de empresas e mais empresas. Vendem-se utensílios esportivos? Sim, claro. Vendem-se também jogadores, técnicos, preparadores no bojo dessas mercadorias. E o mundo vai girando dessa maneira, transformando-se e indicando lições. Parar não vai, mas é bom saber que muita coisa ainda vai acontecer, e as distâncias entre equipes profissionais pequenas com poucos recursos são muito grandes daquelas da gigante constelação de astros. É até óbvia essa colocação, mas será, apesar dos pesares, que os deuses do futebol permitiriam uma pequena equipe conseguir se superar e chegar a uma final de campeonato ou vencer uma equipe de grande porte? É justamente nesse ponto emblemático, ou diríamos sonho possível, justificável de tanta afinidade de torcedores ao futebol. É na esperança de ver um time pequeno e sem muitos recursos materiais se superar pelo simples fato de a equipe se convencer ser possível vencer "os maiorais". Sabe a velha história de Sansão e Golias? E no cinema o filme *Karatê Kid*?

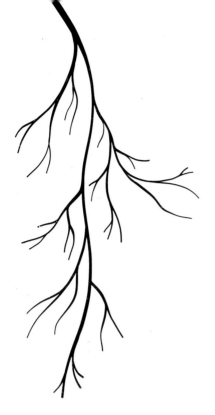

E NO OUTRO DIA?

Como fica? Aquele mundo dos sonhos do futebol se transforma em realidade, diga-se, na pura e pesada realidade de viver um dia após o outro. É preciso ganhar o pão e trabalhar. Garantir o feijão em cima da mesa. O futebol não trará isso. Notícias de crimes de agressões que envolvem torcidas e torcedores chegam a ser comuns nos noticiários, inclusive por envolverem os mais diversos interesses escusos por trás de um simples grito de gol. Existe muito mais mesmo, como se comprova em investigações judiciais realizadas pelas secretarias de segurança pública e pelos ministérios públicos estaduais, mas esse assunto é delicado e seria necessário outro livro para se tentar chegar a conclusões sobre a irracionalidade de minorias de torcedores que fazem do futebol um meio para externar diversos tipos de interesses.

O foco, neste momento, é no simples torcedor apaixonado. O torcedor romântico e livre para empunhar a bandeira, aquele que canta com todo orgulho as letras do hino do time do coração. Isso faz parte do elenco cultural de uma cidade, a movimentação esportiva em qualquer modalidade de esporte. Funciona como uma espécie de orgulho a partir da simbologia das agremiações das cidades. E quando um time consegue um grande feito, a situação só faz enaltecer o nome da cidade, mas o inverso não fica longe de acontecer, pode ser difícil, frustrante. Bem, apesar de difícil, faz parte do esporte aprender a lidar com esse tipo de sentimento. Então, é melhor se preparar para a próxima temporada revendo erros e acertos.

Imagine: de um lado os vencedores, os fortes ou sortudos. De outro os perdedores, simplesmente perdedores. O que é enfrentar as piadinhas de colegas no outro dia? Imagine ter de engolir a seco o resultado negativo de uma equipe? As frustrações, mínimas ou máximas, podem ser enfrentadas de forma menos traumática se a pessoa conseguir se ver de fora e entender que o esporte é uma ação que a princípio independe dos torcedores, apenas dos profissionais dentro das quatro linhas. Tudo bem, há o lado moral que rasga o coração, mas então será possível sobreviver depois de tudo? Torcer faz parte desse processo, mas sofrer além do tempo por causa de um resultado, apesar de fazer parte, pode ser demais. Isso deve ser trabalhado no coração de cada um. Assimilar frustrações que independem do torcedor requer experiência e maturidade. Os resultados são cíclicos e demonstram os preparos técnicos e psicológicos de equipes durante certo tempo. Nada vai mudar os resultados. Acabou. Ponto-final. O sofrimento de torcedores nada impedirá de os resultados se transformarem em apenas números do passado. Pode ter sido uma derrota por 7 a 1, ou por 2 a 0, o mais importante é saber que tudo faz parte de uma engrenagem, quem sabe, para o próprio esporte ou para vender um produto, digamos, uma marca de cerveja, uma marca de salsicha para saborear aquele *hot-dog* durante um jogo. Não adianta ao final se estressar ou brigar, pode até deixar escorrer uma lágrima, tudo bem, é salutar, mas quando acaba um jogo, simples, acabou. Nada mudará o resultado de um jogo.

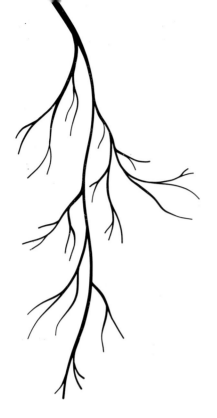

ALTA, ROCK AND ROLL

E o médico pede os últimos exames, e chega o momento da alta. Nem acredito. Sobrevivi. A alta, a princípio, estava marcada para o dia 14 de julho, sábado, mas devido aos bons resultados, cicatrizações e por ter evitado contaminação, foi antecipada para o dia 13. Dia do rock! Seria uma coincidência na vida desse inveterado roqueiro sonhador? Nem vejo a hora de voltar para casa, meu lar, meu cheiro. Nem sei onde colocar tanta felicidade por vários motivos, praticamente muitos ao mesmo tempo agora. Vejo o semblante de minha esposa, é só sorriso. Ela esteve dia após dia comigo, juntos, de dia, tarde e noite. Foi uma guerreira e, literalmente, com todas as letras e significados, uma grande companheira. Nada que não soubesse desde o primeiro dia que a vi.

O doutor fez logo as recomendações de praxe: dormir quatro meses com o peito para cima; não realizar movimentos bruscos com o tórax; manter a paciência e a tranquilidade; não se irritar; evitar fortes emoções; ficar com uma cinta no tórax durante várias horas do dia; abraçar um travesseiro nos momentos de se levantar de alguma cadeira ou cama; fazer a fisioterapia respiratória como os fisioterapeutas ensinaram pelo menos cinco vezes ao dia; caminhar gradualmente aumentando o tempo; tomar os remédios nos horários recomendados. Já imaginava tanta recomendação no pós-operatório, mas, vamos lá, tenho uma vida pela frente e muita música para fazer e ouvir. Fiquei muito feliz com a manifestação de várias pessoas torcendo por minha recuperação. Um filme passa pela cabeça. Chegou a hora de ir. Minha irmã está chegando e me dará uma carona até em casa.

Fiz questão, antes de ir embora, de cumprimentar algumas pessoas pelas quais me afeiçoei e que cuidaram de mim. Abracei todas elas e agradeci pela torcida, sobretudo pelos bons sorrisos e bom humor diário. Pessoas que fazem da Beneficente Portuguesa de Belém um diferencial enorme. Andei vagarosamente pelo hospital, olhei tudo, falei com pacientes pelo corredor que, mesmo com dor, conseguiam sorrir, desejar-me saúde e felicidade ao sair. Fui até a capela me despedir da representação dos bons santos e espiritualidade envolvida naquele local. Mais uma vez me emocionei, chorei só, olhando para a imagem do Coração de Jesus. São incríveis a força e a ratificação da fé. Veio o Círio de Nazaré na mente e a pergunta: será que estarei bem para acompanhar a trasladação com meus familiares? Vamos ver. Chegou a hora de ir. A papelada toda em ordem, assinada e vamos voltar ao *sweet home*.

Antes de entrar no carro, olhei para tudo e só fiz agradecer. Tinha o dever de agradecer, só agradecer. O fato de estar na rua, olhar para a luz solar com a alegria de ver tanta iluminação já era literalmente um prêmio. Era a representação da vida, da minha vida. Sentia as vibrações de uma missão maior, de algo muito forte e grandioso para fazer. Não sei o que, mas sentia isso. Nada me preocupava àquela altura. Só queria chegar em casa. Passando pelas ruas, vendo as pessoas caminharem, irem ao trabalho, passearem, via um brilho além do normal em tudo, parecia ser a primeira vez que via a cidade. Achei logo que era uma viagem da cabeça. Não era. Podia perceber concretamente a vida nos mínimos detalhes aonde passava. Até o asfalto brilhava inexplicavelmente. Não podia falar para elas no carro, poderiam pensar em voltar e me internar novamente. Tanta emoção me fez mais uma vez voltar à infância e me lembrar de meus avós, de meus tios e de meus primos. As ruas, no caso, para minha geração nascida em 1965, havia um pertencimento a elas. As ruas eram vividas na essência, brincávamos, em boa parte do tempo, em locais públicos. Jogávamos bola, íamos à praça, vivíamos aquele cotidiano de forma espontânea, mais ou menos como se tudo fosse nosso. O ar e as ruas eram respirados por todos e sabíamos nossos deveres e limites. Não digo que a vida era mais fácil e nem tão pouco romântica, mas muita coisa naquela época ainda não estava tão complicada e complexa, talvez. Tantas memórias marcadas por muitas histórias vieram à mente naquele pequeno trajeto.

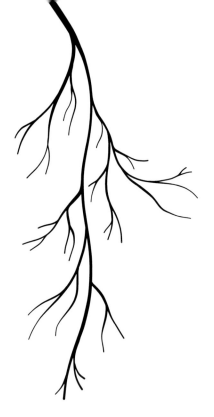

LAR

Cheguei em casa. Senti logo o cheiro da comida caseira. Nossa colaboradora diária cozinha bem e já sabia que nossa alimentação iria passar por ajustes. Desde antes já preparava a comida sem sal e sem gordura. Agora os integrais e mais frutas também fariam parte da dieta alimentar. Sentei no sofá e adivinhem aonde olhei de forma imediata? Para cima. Caramba! Confesso estar com ojeriza de tetos. Chega de teto. Inevitavelmente mais um, agora o de casa. Fiquei olhando sem direção. Nem parecia que havia saído de casa há quase duas semanas, a impressão era de estar fora um ano. Olhava as paredes, os móveis, os quadros, inerte. As dores no peito quando me mexia mantinham o sinal. Ando vagarosamente pela casa. Pergunto se apareceu alguma pessoa para me entregar dinheiro e a resposta óbvia, não. Sonhar é bom. Olhei a rua pela sacada e só me restava me conformar na certeza de ter calma e paciência para lidar com esse tempo pela frente.

De repente, ouço aquela voz aguda e com um tom de preocupação perguntando: "Cadê o meu papai?" Ela entra no quarto, vê a cinta amarrada no meu tórax, vem se chegando calmamente até mim e diz: "Você está bem, papai? Vim aqui para cuidar de você". Ela então subiu na cama e me beijou no rosto e muito calmamente me abraçou. Não queira que ela me visse lagrimar, mas confesso que foi muita emoção. Expliquei tudo o que aconteceu, o que os médicos tiveram de fazer para me salvar, o fio de aço que agora envolve meu esterno para cicatrizar. Ela disse, "se no seu peito tem esses fios de aço, então você é um ciborgue?". Não sei se chego a ser um ciborgue, mas agora sei que tenho fios de aço no peito.

E aí, minha irmã me mostra a poltrona que servirá de base para esses quatro meses. Sabia que não poderia dormir logo em cama por causa do esforço para me levantar, mesmo com ajuda de terceiros. De alguma forma, afetaria a recuperação da cicatrização no osso, pois, a princípio, o coração estava certinho. Aquela poltrona se tornaria minha casa dentro da casa. A dormida seria um processo de adaptação gradual, estava dada a nova largada para a recuperação.

Na primeira semana, o processo de movimentação para poder me adaptar às dores que diariamente iam se esvaindo. Era incrível, mas as dores estavam sumindo a cada dia. Segundo os médicos, tudo era normal. Li alguns comentários de pacientes que passaram pela mesma cirurgia e todos, unanimemente, foram pontuais em afirmar que as dores passariam conforme o tempo. E foi me avaliando que pensei em cada dia como cura. Estava feliz em me adaptar perfeitamente à nova alimentação integral, rica em nutrientes para o organismo e que funcionava como um verdadeiro remédio. Sentia que meu organismo se adaptava bem aos alimentos e começava a demonstrar melhoras perceptíveis, como o emagrecimento e os exames laboratoriais de hemograma que também apresentavam bons índices em percentuais.

Minha filha me olhava, sorria e me perguntava se estava bem. Ela vinha me abraçar e perguntava quando iríamos tomar banho de piscina para brincarmos de tubarões atrás de crianças indefesas. Dizia muito em breve, pois o tubarão estava no estaleiro. E todo dia ela arrumava meu quarto, arrumava o lençol na poltrona, pedia para eu deitar muito calmamente e me cobria. Perguntava se eu estava bem e se os fios de aço que envolvem o osso esterno no processo de cicatrização me incomodava. Dizia que não, mas ainda sentia pequenas dores. E ela me indagava se ainda levantaria um carro, igual uma vez viu tal cena na rua, eu e outros caras levantando um pequeno carro caído num buraco. Eu disse que não sabia se seria a mesma coisa, mas eu estava me transformando em um ciborgue e quem sabe? Inevitavelmente os coleguinhas da turma da escola souberam e um dia ao chegar para buscá-la, também me perguntavam sobre meu peito de aço. É incrível o mundo de fantasia das crianças. Quando se chega à vida adulta, os sonhos continuam, e alguns passam a fazer parte do maravilhoso mundo das utopias.

Recebia algumas visitas de amigos durante o dia. Era a galera da banda, parentes, amigos do trabalho, todos importantes para levantar a moral. Após as primeiras visitas, depois de boas conversas e risadas, sentia a energia indo embora. Logo ficava cansado e precisava deitar. Com o tempo, essa energia de receber pessoas, conversar, sentar e levantar, andar até a cozinha e tudo mais, foi aumentando. Depois de um mês ainda no estágio inicial de recuperação e de perceber até aonde iam meus limites físicos, por recomendação médica, fui autorizado a começar a caminhar por mais tempo. Inicialmente dez minutos e assim gradualmente. Nos primeiros vinte dias dessas caminhadas, estava sendo assistido por alguém ao meu lado. Fui me adaptando durante os dias seguintes dando volta na área comum do prédio, mais precisamente em volta da piscina. A água, para mim, tem um efeito reconfortante e de adaptação ao meio ambiente. As águas me acalmam de alguma forma. Isso tem a ver com meu signo Escorpião com ascendente em Peixes, ambos do elemento água, ou seja, elas têm um papel incrível em meu estado de espírito. Se tenho esse tipo de conhecimento então tenho o dever de usá-lo de alguma maneira. Ando pelos jardins e observo a água da piscina como um espelho do céu. Aumento gradativamente o tempo de caminhada conforme a adaptação do corpo. A cada cinco minutos a mais é interessante como o corpo corresponde com dor ou com estafa muscular. Praticamente estava voltando às atividades físicas depois de três a quatro meses parado, desde que foram identificados os primeiros sintomas da enfermidade. Foi difícil e não tinha ideia se iria conseguir superar as dores iniciais nos músculos das pernas. Andava com muita calma e depois acelerava para ver o que acontecia e depois voltava à calmaria. Com o tempo, consegui chegar a um ritmo legal, número de passos dados, perda de calorias, quilômetros percorridos, média de caminhada e estatística de exercícios. Isso tudo contabilizado por um aplicativo no celular. É muito bom e faz a diferença na superação e quebra de barreiras pessoais. Antes de adquirir o aplicativo, busquei informação sobre a importância das caminhadas, o número de passos ideais, os efeitos no corpo, entre outros. Por exemplo, para os japoneses, o número de passos ideais durante o dia é de dez mil, enquanto, para os ingleses, o número é de seis mil. Em ambos os casos, a princípio, há interesses meramente comerciais patrocinados pelas empresas de manufatura de tênis, então ac pesquisar sobre informações médicas e de fisioterapeutas, cheguei à conclusão de fazer inicialmente uma média diária de oito mil passos. Subo para casa, após as caminhadas com no mínimo seis mil passos e o que vier depois é lucro. Com o tempo, a média vai subindo para além dos dez mil passos e sem pressa de chegar ao destino. Faço tudo tranquilamente e sem a imposição sistemática da mente em fazer tudo por obrigação.

O interessante é que o médico clínico do coração disse que tinha de andar por volta de uma hora todo dia. Foi taxativo, "anda uma hora!" Tudo bem, para chegar nesse ponto foi um processo lento de superação diária sem pensar muito em tempo exato para terminar. Chegava em casa, inicialmente, acabado. Parecia que tinha corrido a maratona de São Silvestre duas vezes. Com o passar dos meses, o tempo foi aumentando e eu me sentindo mais forte. A alimentação balanceada ajudou muito, pois o equilíbrio de medidas entre os carboidratos integrais com as proteínas e saladas ajudou bastante, sobretudo porque a digestão fluía normalmente. E agora que estava com o aplicativo na mão, andava com satisfação. Fazia questão de andar e de me movimentar. O aplicativo consegue mexer com nosso foco. Bora andar, rapaz! Algumas vezes pedia para me deixarem no Ver-o-Peso para voltar para casa a pé, pelo meio do centro comercial. Uma longa caminhada para cumprir meus objetivos. Aproveitava em dias chuvosos para entrar num shopping e realizar as caminhadas. Depois saía de lá, parava na praça Batista Campos, tomava água de coco, e seguia meu caminho na alegria.

Há um outro detalhe interessante. Essas caminhadas, devido ao tempo de dedicação e à licença médica, fizeram-me perceber a importância não somente do ato de caminhar, mas também da luz do sol nas primeiras horas do dia. Segundo os cientistas, o ideal é ficar exposto à luz solar em média por 30 minutos até às dez horas da manhã ou depois das quinze horas. O que é importante? A luz solar para os seres humanos é importantíssima porque produz processos químicos vantajosos para o organismo, como a produção da vitamina D, responsável pela fixação de cálcio no corpo. E ainda mais, a luz do sol tem a capacidade de regular o ritmo biológico de nossas atividades, inclusive com a liberação de hormônios durante o sono e nas ações regulares do cotidiano. Além disso, a luz solar é um forte estimulante ao aumento de células brancas, que combatem as células cancerígenas, melhoram o funcionamento do fígado para eliminar as toxinas, ajudam a reduzir o colesterol ruim no sangue, entre outros benefícios.

A maneira de se viver nos centros urbanos, praticamente nos afasta da luz do sol. As pessoas ficam trancafiadas em locais de trabalho e residências longe da luz solar. Pior para as crianças que perdem a oportunidade desse contato devido estarem na maior parte na forte segurança do lar. E quantas doenças típicas da ausência do sol sequer foram diagnosticadas, ou talvez diagnosticadas equivocadamente mascarada por outras enfermidades? A luz é muito importante em vários sentidos, inclusive para a mente e para o humor. Aspectos psicológicos ficam nítidos nas personalidades de pessoas que vivem em países com pouca quantidade de luz solar durante o dia. O tempo nublado já é uma amostra dos efeitos complexos da cor cinza nos céus sob as pessoas de uma cidade.

E sem romantismos, mas os primeiros raios solares matinais no rosto têm um efeito de bálsamo na alma. É como se começasse um processo de lavagem e de purificação do corpo e da própria visão em sentido maior da acepção da palavra. Escolhi sempre as manhãs bem cedo para começar as caminhadas diárias. Sinto o efeito revigorador para a mente pelo fato de me movimentar e gastar energia. Aproveito também para pensar e refletir sobre a vida. Confesso que tais pensamentos, durante as caminhadas, ficam oitenta por cento no campo das indagações e de questionamentos quase sempre óbvios e somente os vinte por cento restantes me fazem tentar querer me arvorar em buscar respostas. E assim ando e olho as paredes, as plantas, a terra no chão, os objetos, as pessoas, os animais, a arquitetura e muito mais. Algumas pessoas passam por mim e me cumprimentam, outras olham para o chão como se nada existisse de vida no planeta, somente elas, normal. Começo a perceber no chão de cimento e concreto as imperfeições naturais da engenharia. E algo significativo me chama atenção, mais uma vez. Entre um vão e outro no concreto armado, nas divisórias do cimento de uma quadra, uma pequena e insignificante planta verde se esforça para crescer naquele mundo artificial e dificultoso criado para o conforto humano. É a nítida resposta da natureza e do aprimoramento da adaptação natural dos seres vivos na luta pela sobrevivência. Eu paro, abaixo-me, com certa dificuldade por causa, ainda, das sensações que sinto no peito, e afago aquela planta no meio da engenhosidade da engenharia e da arquitetura contemporânea. É possível estar vivo no meio de tanto cimento em estrutura de concreto? Aquela "insignificante" planta lutou pela vida, adaptou-se e conseguiu o que eu também queria naquela hora – viver e estar exposto à luz solar. Será que somos sobreviventes nessa batalha pela vida? Parece algo estranho essa comparação e admiração por algo tão comum em nossos dias, mas a significação das duas vidas, a minha e a dela, fazem-me encher de esperança a alma. Se Deus quis assim, assim será.

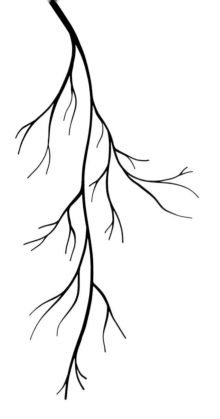

O PODER DA LUZ

É comum acender uma vela para um ente querido que já se foi. É comum também acender vela para o anjo da guarda, assim como é comum acender vela em um aniversário e desejar felicidade naquele dia especial. E a luz aparece em vários lugares, até no mundo acadêmico quando as citações são feitas à luz da razão ou à luz da teoria de um renomado filósofo. Quando se tem uma ideia excelente ou se resolve algo especial, se diz serem iluminadas tanto a pessoa como a ideia. Quando se descobre algo novo se diz "eureca", seguido do símbolo de uma lâmpada nas histórias em quadrinhos. E quando nasce uma criança, a mulher deu à luz. O *Mito da Caverna* ou a *Alegoria da Caverna,* escrito por Platão, tem de um lado as trevas e de outro o mundo iluminado, isto é, o mundo da luz. De um lado a ignorância e do outro o mundo das ideias e das cores. São muitas, no caso, as interpretações referentes ao poder da luz, incluindo as distinções e significados de religiões e culturas pelo mundo.

Em especial, para os cristãos, a luz é o símbolo da presença de Deus. Jesus disse "Eu sou a luz do mundo", então se a pessoa aceita Jesus, passa a ser o refletor dessa luz divina. A importância dessa simbologia é bem característica se ainda compararmos a definidora intervenção da luz no meio das trevas. Não há vida sem a luz, sobretudo quando o Criador fez a Terra, em que a luz não era exatamente a luz do sol, mas a luz da criação dos animais e dos vegetais, todos vivendo em sincronia para a formação da cadeia alimentar e transformação do planeta. Em outras palavras, há a luz física, que todos podemos ver e sentir, e há a luz espiritual, a divina, emanada por Deus, falada por Jesus: "Eu sou a luz do mundo. Quem me segue não andará nas trevas, mas terá a luz da vida". E, assim, a luz para Deus se fez vida. Luz é vida. Nasceu uma luz, a vida existe e é a existência nítida do milagre de Deus.

E quem está tão preocupado com essa luz? Quem tem tempo para ver e sentir isso tudo, se a vida está em plena correria e o tempo urge? O mundo está tão frio e distante de detalhes triviais que as simbologias da luz passam despercebidas com o distanciamento do homem dele mesmo. Isso independe de aspectos morais de religiosidade ou de crenças. É muito difícil para boa parte das pessoas não exercitarem o mais elementar ato de contemplar o dia. Olhar e contemplar a natureza se transformou em algo quase desconhecido por boa parte da população. Ver arte na natureza e ver arte na arte é um dos exercícios mais singulares diante da quase inevitável transformação das pessoas em "salsichas", como o Pink Floyd, banda de rock progressivo, demonstrou no filme *The Wall,* já citado anteriormente com o exemplo do fatídico muro. Isto é, as pessoas estão em um processo gradual de negação de suas naturezas e se deixam levar de forma evidente na mutação de seres humanos em máquinas de movimentação da sociedade industrializada.

Ora, se fica difícil levantar de manhã cedo, ficar em silêncio, dar uma volta pelo bairro ou quadra para ver o brilho dos raios solares nas árvores e plantas, sentir o cheiro da manhã e perceber o mais básico do básico, ou seja, haver vida em tudo, então o que nos reserva o futuro? De forma clara, há movimentação e mutação silenciosa interferindo na vida individual, tanto biologicamente como socialmente. Esse diálogo sem palavras entre as pessoas, a natureza, os seres vivos e as próprias criações do homem fazem de cada um, não apenas um simples detalhe de uma equação maior, mas algo significativo para o planeta, seja para o bem ou para o mal. Não há escapatória, os seres vivos estão mudando com a forma de vida para sobreviver, como disse Darwin com a teoria da evolução biológica por seleção. É um jogo de adaptação na regra de convivência do homem com o ambiente natural e o homem com o próprio homem.

E conviver é viver com outros e não o simples coabitar, que é outra situação intrigante na construção do homem contemporâneo, cheio de vontades e direitos na sociedade. Essas duas palavras, o conviver e o coabitar, diferem-se e demonstram fortemente um outro questionamento a partir de atitudes relevantes do ser social. Enquanto conviver é um verbo típico que pressupõe viver com outras pessoas, o coabitar revela o simples repartir o mesmo telhado, o mesmo teto. No segundo, não há intenção da partilha de vida, mas apenas o simples repartir o território em que um tem seu espaço e o outro também. É mais ou menos aquele fato de cada um viver sua vida individualmente e o resto que viva a sua. É um literal afastamento espiritual entre duas pessoas em que cada uma segue seu caminho pela vida. É bem comum casais em processos de separação terem iniciado a união com o mais belo convívio e depois, com o passar do tempo, ele se transformar em um simples coabitar de corpos em um espaço. Sair de um estágio e ir para outro é muitas vezes considerado "normal", mas dentre tantas causas, a ruptura na vida a dois e no convívio de uma família pode permear uma causa bem sintomática: a invasão do lar pela maneira de se viver lá fora.

O inverso também faz parte desse processo, é difícil se desvencilhar da própria unidade humana. A pessoa é somente uma em sua totalidade. Não dá para deixar de lado o eu pai, o eu filho, o eu saúde, o eu amor, o eu trabalhador, o eu sem problemas, o eu alegre, o eu educado, o eu religioso, o eu fé. É impossível agir somente com uma dessas características se há uma totalidade do ser que envolve personalidade, o emocional, o sentimental, o racional. Não é possível entrar em um ambiente de trabalho somente com um desses eus, como até bem pouco tempo atrás se pensava: "Esqueça seus problemas e pode se ocupar em seus deveres profissionais". É humanamente impossível.

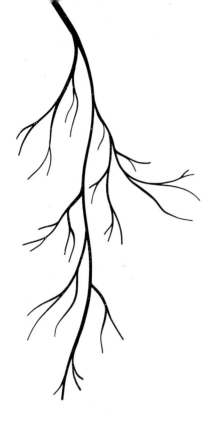

DOIS MUNDOS?

Acontece que a vida cotidiana cobra um preço mundo afora. Alguns chamam esse mundo, de forma depreciativa, de mundo mundano. Cada pessoa lida de forma diferente com o mundo cotidiano. Nesse cotidiano há muitos valores além do tempo, prazos, locomoção, mídia, prazeres, problemas, diálogos, comunicação, juízos, informações, humilhações, embates, emoções, diferenças, pedidos, deveres, direitos, obrigações, formalidades, enfim, são muitos valores expostos e impostos de forma clara e, algumas vezes, de maneira sutil e latente. As pessoas, inevitavelmente, sujeitas ao cotidiano, vivem essa gama de situações de forma natural, até mesmo porque entra outro fator – o conformismo. Todos, ao fim, têm de sobreviver e saber enfrentar isso tudo, ou digamos, entender. O organismo biológico do homem se adapta a esse processo de enfrentamento e de assimilação dessa forma de viver o dia cotidiano. E qual é a tendência natural das pessoas? Assimilar boa parte desses valores e levar para casa ou ao ambiente de trabalho. É claro, é uma tendência, apenas.

E no meio desses dois mundos, dilemas e mais dilemas, cada pessoa os absorve de forma diferente. Alguns com hostilidade, outros com silêncio, isolamento, tristeza, raiva e por aí vai. As inevitáveis consequências são várias, mas existe outro ponto francamente perceptível no comportamento de muitas pessoas diante das pressões da vida – a frieza. Essa frieza no coração, talvez uma forma de preservação e de defesa para poder conceber a vida cotidiana sem maiores impactos, é a tentativa de ver a vida de forma isenta; de se isolar dos problemas daqueles com quem convive; da não participação da vida do outro. Todos esses, e outros, resultados do dramático choque de valores entre o mundo de fora e o mundo, digamos, de dentro. E o mais interessante é que o lar, com todos os aspectos sentimentais traduzidos de alguma maneira no conforto das cores das paredes, na disposição dos móveis, no brilho dos objetos, no cheiro do ar, dá a tônica para o sentimento de segurança e reforço de estar com o próximo, por mais contraditório que pareça ser.

Esse porto seguro chamado de lar seria a oportunidade para viver a relação, as emoções, a experiência das refeições coletivas, a partilha, o companheirismo, as diferenças, o eu e o nós, o exercitar a compaixão. Se refletir bem, seria incongruência viver o contrário, apesar de muitas histórias difíceis de famílias que tentam, a princípio, superarem. Mas viver o mundo de fora tem um preço. Entender esses mundos, o de fora e o de dentro, e tentar separar os dois lados dessa moeda não é fácil, se somos unidade de corpo e mente. É difícil se desvencilhar como se fosse um tubo de ensaio em uma experiência de laboratório. São sentimentos marcantes em ambos os lados, como vitórias, derrotas, alegrias, sofrimentos, frustrações. Muitas vezes nem há percepção dessa gama de sentimentos diariamente. No fundo, não há como se isentar desse processo, pois ele chega e se instala de tal forma que as consequências acontecem. Imagine o drama psicológico de um policial no dia a dia de suas atividades, e ao final, chegar em casa para finalmente ter paz? E um médico que passa por várias situações dramáticas com pacientes e familiares dessas pessoas? E um funcionário de uma empresa de que tem de cumprir metas de vendas para justificar o salário? E um professor, um contador, um bancário, uma secretária, uma caixa, um estivador? E muitas e muitas outras profissões e atividades profissionais, em que cada um, com as especificidades inerentes, faz o trajeto mais comum durante o dia na vida de homens e mulheres pelos quatro cantos do planeta – o retorno para casa.

O lar é um local sagrado, um lugar de recomposição de energia tanto para o corpo como para o espírito. Isso não é clichê, é fato. O descanso e a paz de um lar têm um significado importante para o restabelecimento das bases do ser humano. A família faz parte desse processo, sobretudo na sustentação psicológica de cada membro daquele grupo. É difícil se desvencilhar das armadilhas do mundo de fora, mas não seria tão impossível de forma racional sublimar sentimentos e energias em prol do coletivo familiar, da boa convivência e da harmonia entre todos. Esse é um exercício interessante, por exemplo, iniciado desde a infância quando introduzem as primeiras práticas de convivência escolar com os naturais embates entre os colegas de sala. Às vezes se resolve tudo e às vezes nem tanto. A professora interfere ou não. Tais habilidades para lidar com vários tipos de sentimentos fazem parte da formação da criança. É um aprendizado diário que se refletirá mais tarde, em parte, na vida adulta, com as antinomias naturais da vida.

Ficar em casa nesse longo processo de restabelecimento não é um fardo como pode parecer a um recuperando. As ruas e o mundo de fora têm um simbolismo de liberdade, pelo menos aprendi dessa forma em letras de música e conversinhas de bar. Mas pode ser justamente o contrário, a casa é a liberdade. O nosso canto, seja onde for, de maneira organizada no meio do caos, é um local de segurança e de libertação. É preciso voltar a colocar tudo nos eixos para tocar a vida. A individualidade e o coletivo familiar estão de mãos dadas traduzido nos livros e demais utensílios domésticos. E a vida segue e vou me adaptando a um novo estilo, sobretudo no básico, deitar para dormir. No início, são naturais as dificuldades, apesar de agora estar bem melhor do que no hospital. Minha filha se esforça para arrumar a poltrona-cama, os lençóis, o travesseiro. Ela se sente feliz sendo útil. Senta ao meu lado e insiste em nadar. "Assim que me recuperar, mas é preciso ter paciência com o tempo". É julho e ela está de férias, não é justo ficar somente no apartamento. Rapidamente encontramos um jeito para tudo ficar mais tranquilo e ela não deixar de participar de momentos mágicos na vida de qualquer criança em um sítio no interior. Melhor brincar na areia e nas árvores do que ficar assistindo TV e jogando nos computadores da vida.

E por falar em computador, rede de internet e outras coisinhas mais típicas da tecnologia, as mensagens não param de chegar no celular. É o futebol e os tempos são de política no âmbito estadual e federal para renovação das Assembleias Legislativas e do Congresso Nacional. Os discursos são os de sempre e prefiro ver o circo pegar fogo de longe, há uma sensação de vazio maior do que o normal, principalmente com novos ingredientes nas redes – agressividade, violência e humor sem noção. E a bestialidade vai tomando conta de boa parte das pessoas. Bem, este espaço não é para levantar polêmicas, nem discutir política, há outros que fazem isso bem melhor. Apenas mencionei tais fatos para localizar o leitor no cenário de minha recuperação. E para me sentir melhor e efetivamente me curar, o afastamento é o melhor caminho.

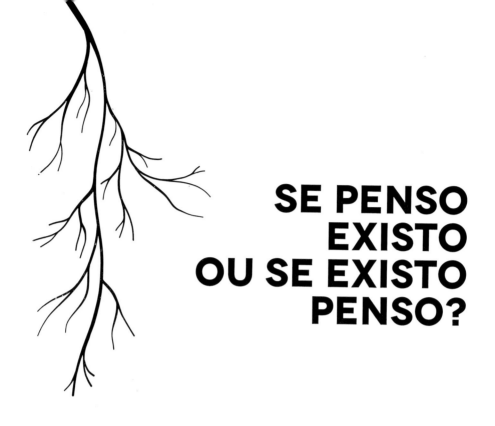

SE PENSO EXISTO OU SE EXISTO PENSO?

Pensar reflete inevitavelmente no corpo. As células e os órgãos sentem de forma direta esse reflexo. Existe comprovação científica sobre o assunto. As crenças, e o que acreditamos ser o ideal para se viver, têm com cada um de nós uma relação naturalmente emocional. E quando se trata de religião misturada a ideologias, a situação vai para outro patamar, a história da humanidade já muito fez e mostrou sobre o assunto. Misturar ideias preconceituosas a Deus? Nem vou comentar. Deus é Deus, está acima de tudo. O resto são apenas ideias e mais ideias criadas pelos frágeis homens. Suponhamos uma corrente ideológica que pregue uma ideia individualista espúria e a outra pregue o coletivo com ou sem ódio, ambas serão bandeiras de lutas naturais e antagônicas promovidas por meros grupos de poder. Escolher uma ou outra é opção de interesse de cada um e, evidentemente, causará no corpo transformações microscópicas que irão se refletir, quer queira ou não, nas células. É um exercício de tentar ver os fatos e acontecimentos de forma abrangente e com equilíbrio, para não se deixar levar por meras paixões momentâneas diante de discursos cativantes e emocionados bem encaixados às lacunas de cada ouvido. E ainda pode ser salutar para a vida. Não pense que com isso será uma omissão, como se estivesse politicamente acima de tudo, mas seria uma forma de entender sob a luz da razão o que está bem na frente dos olhos.

Durante a vida, absorvemos muitas ideias, sobretudo na origem de tudo, na infância, quando se inicia o processo de perceber o mundo a partir do ponto de vista dos pais. Isso é perfeitamente natural. Depois a transformação da realidade virá com o incrível mundo das opiniões e das ideias. A construção de um pensamento crítico vem com o tempo, durante a vida toda, quando dogmas e várias ideias "inquebráveis" podem se esvair e também quando se depara com pensamentos e pontos de vista diferentes. O problema para o corpo, no caso, é alimentar os pensamentos com ideias tensas, duras e permeadas de simbolismos fatalistas. As ideologias nesse campo têm os dois lados da defesa e do ataque, pois como são ideias a partir de ideais, encontrarão, durante a vida, embates. O indiano Krishnamurti já alertava para o fato de as ideologias aprisionarem pelo apelo apaixonante e contribuírem para muitos males. E como se preparar para ficar diante de um maremoto de idealizações, multiplicidade de ideais, alimentação de sonhos e muito mais, as quais atingem em cheio o emocional?

Lidar com tudo isso pode parecer complicado, porque em cada individualidade, estimulada pela forma de se viver no mundo ocidental e em parte no mundo oriental, há ideais de se pensar na sociedade de forma coletiva. Não há condições de se pensar somente a partir do próprio umbigo com o que acontece à volta, seria quase a negação da existência humana, algo contrário à essência humana. E, é claro, pensar de forma coletiva no outro, pelos mais variados pontos de vista e vieses, faz parte da construção de um pensamento maior de grandeza do ser humano. Ter essa dimensão, praticamente um exercício de se ver de fora para dentro diante da natural transformação do indivíduo, seria atingir um dos estágios de consciência.

Ora, de outra forma, se pensar que a vida será sempre uma injustiça; alimentar a ideia de que o estado de direito existe apenas para resguardar o direito de poderosos; a instituição-estado garante somente os interesses de uma elite; a vida é injusta e que o mal vence o bem; e muitos outros, a pessoa mentalmente não irá se desenvolver com plenitude diante desses postulados, mesmo sabendo existirem exemplos reais de cada ideia acima citada. É preciso, no entanto, uma visão crítica para entender a realidade a partir da analogia de fatos, e isso já se faz, mas também crer na esperança em uma mudança para melhor. É possível mudar se observar a história. As gerações estão mudando. E ter essa dimensão positiva é reconfortante. Enfim, o corpo sente os efeitos de cada pensamento e, por isso, chegar a um equilíbrio natural na forma de pensar na relação entre aspectos positivos e outros nem tantos, já seria um caminho para se preservar.

A sociedade se transforma, movimenta-se, supera-se. É um processo evolutivo de anos e mais anos para essa transformação acontecer na relação sistemática entre individualidade e coletivo. Se considerar a saúde do corpo e da relação com o estado espiritual, será necessário muito mais tempo de aprendizado para o ser humano desenvolver um equilíbrio nesse sentido, principalmente pela forma de se viver na sociedade. Por mais tecnologia e desenvolvimento material se disponha com o desenvolvimento e a evolução da Ciência, e também com a criação e as descobertas do homem, não se pode perder de vista o fato de a economia e o ordenamento jurídico sustentarem o sistema de dominação do poder, tanto os institucionais como os legitimados provenientes dos interesses comuns de parcelas da sociedade. Fica até fácil concluir, pela lógica natural de desenvolvimento das Ciências, de os seres humanos estarem distantes de um ideal. Porém, ao mesmo tempo, pode ser o contrário, justamente um paradoxo necessário, talvez, a ser resolvido para estimular a vida, pois se de um lado as tecnologias se desenvolvem bastante, de outro, os seres humanos aprendem ainda a se relacionarem dignamente.

Nesse aspecto, enquanto o homem explora o Espaço, desenvolve a pesquisa, encurta as distâncias com os recursos tecnológicos da velocidade e do mundo virtual, ainda, no caso brasileiro, em muitas cidades o sistema de saneamento sequer existe. O simples cidadão tem de exigir dos governos a aplicação de políticas com base em textos legais previstos na Lei Maior do país para se garantir justamente o básico e necessário para a sobrevivência. E a dualidade entre esses mundos não se esconde de ninguém e mostra o mundo real, os sonhos, o alcançável e o inalcançável, um drama típico que a inteligência terá de resolver.

Os dias seguem, a rotina vai ficando rotina mesmo. Fico afastado temporariamente das redes sociais. A violência está na mão, no celular, e eu não quero isso para minha vida, preciso me preservar e deixar minha saúde fluir bem. Tenho de me concentrar nas caminhadas e aproveitar a recuperação para cuidar da família, dos amigos e dar boas risadas na padaria da esquina tomando um bom café. Aproveito também para atualizar minhas leituras e perceber outros ângulos de experiências de vida. Conhecer também as histórias de vida de pessoas, mesmo em simples conversas, com a oportunidade de refletir sobre a vida delas. Tanto uma leitura de um bom livro como uma conversa podem ser salutares.

E a rotina de caminhadas e de alimentação adequada às condições determinadas pela nutricionista seguem naturalmente os pesos e as medidas. Estou emagrecendo e sentindo os benefícios no corpo, mas é aquela velha situação, por fora estamos bem, mas e por dentro? Aproveito para assistir a vários filmes vencedores de Oscar e séries premiadas que antes não conseguia tempo para vê-los. O cinema europeu e do Oriente Médio são muito bons. Nunca pensei um dia assistir a um filme islandês, outro sueco, norueguês, dinamarquês, iraniano e turco também. Roteiros com histórias surpreendentes e filmagens que não ficam nada a dever para o grande centro reprodutor do cinema, Hollywood. O mais interessante são os tabus culturais e as transformações sociais demonstradas de diversas maneiras nos roteiros de filmes de países europeus que mostram novos conceitos de família e de relações interfamiliares. Além, é claro, dos costumes e dos choques geracionais traduzidos nas histórias ficcionais a partir de temas como espiritualidade, sexualidade, psicologia e muitos outros.

Já é setembro de 2018 e resolvo fazer uns cálculos astrológicos sobre as previsões para o ano de 2019. O regente de 2019 será Marte, deus da guerra, da força. Representa as ações e a forma como se age diante das situações do cotidiano e muito mais. Minha primeira preocupação é que Marte é o primeiro dos signos de fogo e, só para variar, poderá ocasionar, dependendo da cidade ou estado, incêndios sistemáticos em imóveis e também na natureza. E pela minha experiência nesses cálculos astrológicos com a movimentação de outros planetas, concluo inevitáveis os incêndios ocasionados em boa parte por fiações da rede elétrica. Geralmente os efeitos do ano seguinte começam a acontecer em meados de outubro do ano anterior. Como se essa antecipação fosse um aviso a todos. Infelizmente foi o que aconteceu em várias regiões de Belém, do Pará, como do Brasil. Se não bastasse, a Califórnia, nos Estados Unidos, também sofreu com os incêndios florestais imensos. Além disso, o ano ressalta o machismo e a agressividade de homens contra mulheres. Mas o poder desse planeta não para por aí, há influências de outros astros que corroboram com outras situações.

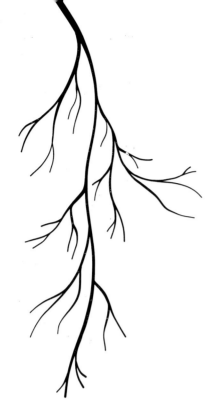

DEVER CÍVICO

E o dever cívico do cidadão brasileiro em comparecer às urnas para votar em outubro faz uma verdadeira transformação nas casas legislativas brasileiras, renova boa parte do quadro de políticos e há uma esperança geral no dia da votação, já vista em outros momentos da política nacional. Sento na frente da TV, vejo a movimentação da população, os discursos enviesados, a briga ideológica, faço uma leitura de fatos políticos de outras nações, leio as opiniões fundamentadas, deixo para lá os discursos e opiniões panfletárias e percebo os ventos mudarem de direção. O melhor a fazer agora é apenas observar, cumprir o regime democrático e respeitar os votos da maioria. E o destino é o destino, sobretudo de uma nação como a brasileira, que ainda padece de desvios históricos culturais questionáveis quanto à condução de privilégios inebriantes do poder, como se obedecesse a algo maior nas entrelinhas das letras de leis feitas a partir de juízos de valor para sempre beneficiar um ou outro. Deixa o destino seguir.

Há, porém, um objetivo bastante óbvio a ser ratificado – somos todos vítimas da forma como vivemos, a partir da própria evolução cultural da sociedade naquele instante. A notícia na TV, a conversa no bar, o diálogo com o motorista de aplicativo ou de táxi, dependendo do momento, instalará nos termos, nas falas, nos semblantes de cada um, um verdadeiro jogo de palavras resultado de uma vida coletiva inserida numa grande onda. Tudo isso traduz em cada corpo uma marca e proporciona à saúde mental e física consequências, dependendo, é claro, de outros fatores, como a hereditariedade e os hábitos culturais. E o tempo ensina a observar e escutar.

Na esquina, olho o vento, tomo um café e converso com conhecidos momentâneos. Alguns se queixam ou afirmam que o tempo está passando muito rápido, já estamos no final do ano. Foram dois eventos significativos em 2018, o primeiro a Copa do Mundo e o segundo o processo eleitoral que sempre faz tudo passar rápido. Paciência, é assim mesmo. É o momento de colocar em ordem as finanças para a vinda do ano novo.

FATO INESPERADO

Em dezembro, numa bela segunda-feira próxima ao Natal, estava iniciando cedo minhas caminhadas, acertando o dispositivo no celular para contagem dos passos, e fui surpreendido por uma dor no peito, não tão intensa, mas à medida que caminhava a dor e a sensação de mal-estar se aprofundava. Parava e a dor cessava. Continuava a andar e a dor voltava. Bem, é hora de voltar ao hospital com urgência, isso não é normal. E não foi normal, mesmo. Na urgência do hospital, fui atendido por um médico experiente que percebeu logo pelos sintomas a possibilidade de um infarto. Avisei ao meu médico particular imediatamente e ele pediu para voltar ao hospital em que operei. Já cheguei lá e fui direto para a sala da urgência de cateterismo e angioplastia. Foi constatado que, minhas artérias, as mesmas que havia trocado em julho do mesmo ano, voltaram a entupir com coágulos. O médico avaliou e colocou um *stent* somente em uma das artérias. Logo após, fui para a UTI e fiquei por lá em observação. Teria de ficar mais tempo para fazer uma segunda angioplastia para colocação de outro *stent* na outra artéria. A situação foi séria. Poderia ter um infarto fulminante ou morrido antes ou na sala de cirurgia com a colocação do primeiro *stent*. Nem imaginava que estava correndo perigo naquele momento. Estava meio zen e tranquilo, sem realmente entender a razão.

Mais uma vez na UTI. Dessa vez, era outra UTI, outros médicos e outras equipes. Estava lúcido e, por incrível que pareça, sentindo-me forte. Para minha surpresa, conhecia alguns médicos intensivistas por terem sido meus alunos e outros conhecia do mundo da música. Estava acordado, muito bem acordado e ciente. Ao mesmo tempo indagava o que havia ocorrido comigo. Por que voltou a entupir em seis meses as mesmas artérias? Pela primeira vez, confesso, fiquei deprimido e muito triste. Não acreditava no que estava acontecendo depois de toda uma mudança de hábitos de vida quanto à alimentação, movimentação, exercícios físicos direcionados. O que estava acontecendo? Nem os médicos acreditavam no que havia ocorrido. Havia algo enigmático no ar. Quando dei entrada no hospital na avaliação da primeira médica plantonista me lembrei de ela ter dito: "São anos de vida com uma forma de se alimentar e de viver. Isso não muda tão fácil assim na memória do corpo." Ela tinha razão, a coisa não é fácil. Foram anos e anos de bombardeamento com alimentos não saudáveis e com alto teor de gordura na rotina. Era como se a alimentação entrasse no organismo com o aval da mente sem noção.

Logo após a visita do médico-cirurgião que me revascularizou, e de minha esposa, na UTI, fiquei pensando muito, avaliando aquela situação inusitada e depois desabei. Não podia esconder tamanha frustração de ter me dedicado de forma tão intensa em minha recuperação e ter novamente passado pelo mesmo problema. "Como isso poderia estar acontecendo comigo? Por que, Deus, comigo?". Já era tarde da noite, embrulhei-me no lençol do leito e desabei, foi difícil prender aqueles sentimentos. Estava perdendo a esperança, e a fé, confesso, ficou abalada. Não sabia aonde ir com os pensamentos, o que fazer a não ser esperar naquela fria UTI que, diga-se, só não estava pior por causa do carinho e afetuosidade dos excelentes profissionais plantonistas.

Perguntei a Deus em minhas orações por alguma iluminação para identificar as razões de novamente ter de me submeter a procedimentos no coração. Fiquei sem respostas por um tempo, mas não tardou até que Ele deu um sinal. Um sinal tão claro e evidente, justamente para uma pessoa ignorante quanto eu perceber que estava raciocinando de forma equivocada. Chegou uma paciente, senhora aparentemente nova, no leito ao lado do meu, separado apenas por um biombo. Perguntei a alguém o que houve após constatar os semblantes dos familiares sofrendo, rezando ao lado e lutando mentalmente pela esperança de vê-la melhorar. Ela estava com câncer no cérebro. O estado quase vegetal daquela senhora me sensibilizou. A coloração da pele amarelada e a dor dos familiares ao visitá-la me deixavam tocado por já ter passado por aquele drama no passado. Lembrei do longo processo de minha mãe no hospital e da luta de todos para confortá-la nos últimos instantes dela antes da partida. Os sentimentos se misturam e se transformam em um verdadeiro caos na mente. Bem, Deus colocou aquela senhora ao meu lado para eu ver o quanto meu problema não era nem um terço perto da dor daquela senhora e daquela família. "Meu Deus, é mesmo. O Senhor tem razão. Eu só tenho a agradecer novamente pela chance de estar vivo ao lado das pessoas que amo, contribuindo, de alguma forma, para a vida de todos. É essa a palavra: contribuição. Todos nós contribuímos um com o outro".

No outro dia, já estava melhor. Meu semblante, segundo as enfermeiras, estava melhor. Resolvi lutar pela vida novamente e não me entregar. Não vou desistir. Pensava na Ana Karina e na Geiza, meus amores. Pensava em meus irmãos, meus parceiros infinitos para todas as dores e alegrias. Somos unha e carne como dizia minha mãe. A vida é bela. Tão bela que resolvi contar uma piada de médico na UTI e fui ameaçado, pois dependendo do final poderia levar uma injeção no olho. Nesse dia se instalou uma alegria na sala. E os risos foram gerais. E eu perguntava: "posso contar piada de enfermeira?". Imediatamente me apontaram uma injeção enorme!

Aguardava a segunda angioplastia. Vieram me buscar e saiu tudo bem. O médico experiente conseguiu colocar o segundo *stent*. Deu tudo certo, mas teria de ficar mais dois dias na UTI e um dia, provavelmente, no apartamento. Deu tudo certo. Fiquei o tempo necessário para ter alta no dia 23 de dezembro pela manhã. Iria para casa passar o Natal com a família. Estava feliz. Não podia ainda fazer movimentos fortes com a perna, pois a angioplastia havia sido pela femural. Precisava ter paciência para me recuperar. Tudo ocorreu como havia sido previsto. Lentamente fui me recuperando das dores e a movimentação das pernas se restabelecendo gradualmente.

"E vamos que vamos", como se diz. Precisava engrenar bem em minhas atividades. Um show com o Álibi de Orfeu estava agendado para o dia 13 de janeiro em um festival de tatuagem, o Tattoo Day, evento em que a banda sempre tocava. Será que vou conseguir tocar depois de 8 meses? Não tocava desde junho de 2018, nunca estive tão parado na minha vida musical, será que vou conseguir pelo menos ensaiar para ver se aguentava o tranco? Fui ensaiar na quarta-feira anterior ao show, que seria em um domingo. Estava apreensivo por motivos óbvios, pois ali poderia ser o reinício ou o fim de tudo. E a resposta veio, consegui. O ensaio foi ótimo do meu ponto de vista. Consegui! A banda estava um pouco enferrujada e eu pior ainda, o ensaio não foi dos melhores. Todo mundo tentando se encontrar musicalmente. Contidamente ria de mim e de meu drama. Consegui tocar e sequer fiquei exausto devido aos movimentos musculares naturais na bateria nesse único ensaio.

No outro dia, voltei a caminhar controlando os passos e o tempo para não abusar, evidentemente. Só pensava em tocar, tocar e tocar bateria. Estava com tanta saudade de ouvir os tambores de meu instrumento que até sonhava. Havia um ar de recompensa, pelo menos em meus pensamentos, provavelmente longe da realidade, mas isso fazia acreditar em uma existência maior e permitir um olhar mais contemplativo da vida.

Chegou o dia 13, domingo, no Hotel Princesa Louçã. O horário da tocada era a partir das 15h30, numa espécie de festival de rock e de música pop no evento destinado aos tatuadores do Pará e do Brasil, mantendo a tradição desse festival alternativo de cultura pop. Minha filha estava comigo, fez questão de não desgrudar de mim. Fomos os primeiros a chegar para armar a bateria e preparar pratos, pedais, posicionamento dos tambores e passar o som. Esse é um drama especial dos bateristas, chegar mais cedo. Já fomos logo recebidos pelos produtores do evento e alguns jornalistas que trabalhavam no evento. Com a Karina comigo, esperávamos a mãe que estava em uma missão de trabalho antes de ir ao show. Karina, empolgada com a estrutura de palco do evento, ajudava-me bastante com os acessórios da bateria, organizando os papéis com o repertório, com as baquetas, toalhas etc. Ela estava animada e se sentia útil em poder ajudar. Já estava pensando nela ser minha futura *roadie,* sem a mãe imaginar tal possibilidade, evidentemente.

A banda chegou, foi recepcionada pela equipe técnica e indagações de fãs da banda, principalmente por causa da longa espera para voltar a tocar ao vivo. Estava na hora de começar. A banda estava concentrada. Foi a estreia também do novo guitarrista. Eu estava empolgado, esqueci que deveria tocar sem fazer muito esforço, na calma, mas a empolgação foi grande, pois a mente e corpo estavam juntos, foi inevitável fazer os habituais movimentos típicos de braços e baquetas. Não estava cansado e nem havia sinal de limitações. Estava inteiro e muito feliz de estar dando conta do recado. Meu parceiro musical de longas datas, Sidney Klautau, baixista, estava preocupado. Percebia isso quando ele se voltava para mim e me olhava perplexo, tipo querendo dizer: "Esse cara está doido!". Bem, foi muito bom. Gostei da volta. E ainda com minha filha ao meu lado no palco, foi maravilhoso. O dia estava completo. Tocar rock ao vivo é uma experiência. Agora precisávamos nos preparar para outro grande evento que ocorreria em fevereiro, antes do carnaval – Amazon Music. Seria outro grande evento em que nós tocaríamos com outras bandas de peso.

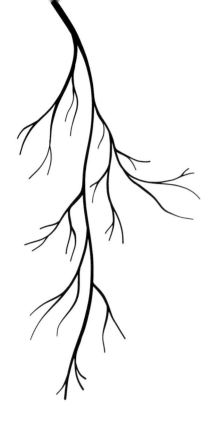

VOLTA AO TRABALHO

Voltei a trabalhar na semana seguinte. Foram sete meses, aproximadamente, no processo de recuperação entre idas e vindas no hospital. Estava com saudade dos colegas e da família informal formada na vida diária de labuta. Aprendi uma coisa na vida: construir boas amizades no ambiente de trabalho. Pessoas muito significativas e que nutro um grande afeto, pois dividimos várias alegrias e também algumas dores. Foi a volta aos processos administrativos e das análises jurídicas. Mesmo sendo um trabalho árduo e constante, estudar cada caso faz com que a mente permaneça ativa.

Tive a grata surpresa no dia de meu retorno, foi programado um café da manhã maravilhoso com discursos e grandes abraços afetuosos. Estava controlando para não me emocionar, fiz um discurso mais *light* de agradecimento e de saudade, sem falar das dores e dificuldades que tive de enfrentar durante os últimos meses. As principais lembranças do trabalho são essas cenas de alegrias, das brincadeiras e dos famosos "causos". O que fica registrado, salvo raras exceções, são os fatos humanos de contatos e de partilha entre todos.

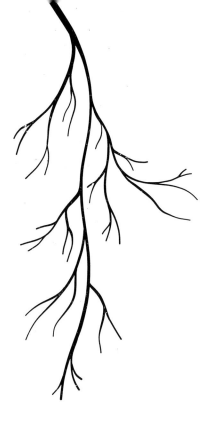

ROCK É ROCK MESMO

Chega fevereiro e a feira da música, denominada Amazon Music, começa a se tornar realidade. Em junho do ano que passou, antes mesmo da cirurgia, havia prometido aos organizadores ajudá-los, dentro de meus limites, a tornar esse empreendimento uma realidade no Hangar. A feira foi um sucesso, sobretudo no ramo dos negócios. O volume de negócios e de movimentação financeira entre as empresas foi digna do evento.

Tinha de cumprir de alguma maneira minha palavra, não poderia deixar o grupo empresarial responsável pela feira sem apoio antes, durante e depois, pois aquele empreendimento era maior do que os negócios a serem realizados, pelo menos em meu ponto de vista. Minha responsabilidade foi pelo lado social e educacional. Entidades sociais selecionadas que desenvolvem trabalhos com pessoas carentes em áreas de risco, no caso, associações que trabalham no ramo da educação musical seriam beneficiadas com a doação de instrumentos musicais das fábricas de instrumentos brasileiras. Foi justamente nesse ponto que fiquei feliz em ajudar projetos sociais específicos no ramo da arte e da educação musical. Foi gratificante perceber a alegria e a possibilidade de ampliar os rumos dos estudos da música em tais entidades. Qualquer ação que se faça por essas entidades é sempre bem-vinda, por movimentar as comunidades, tornar possível a realização de projetos e, ainda, o principal, retirar jovens carentes da linha de frente do ócio pelas ruas nos horários em que estiverem fora das escolas. Os centros comunitários que desenvolvem trabalhos com seriedade e dinamismo conseguem de forma efetiva proporcionar a esses jovens oportunidades surpreendentes, por mais que interesses meramente políticos e ideológicos possam estar sempre pelas sombras. O mais importante é o efeito salutar de descoberta de um talento que um jovem terá, por exemplo, ao tocar trompete, tocar percussão, tocar violão, tocar bateria. Aquele jovem passará inevitavelmente a ampliar as perspectivas de vida no mercado de trabalho, além de permitir aperfeiçoar a sensibilidade musical que o ajudará em outras demandas da própria vida.

E foi isso que aconteceu, foram doados diversos instrumentos musicais inicialmente para associações e projetos musicais de forma independente em Belém e Ananindeua. Inicia-se uma nova realidade de esperança para essas vidas, ao proporcionar novos rumos e sonhos a partir de uma ação coletiva. A música, um dia, permitiu-me focar em objetivos pessoais e nos estudos, bem como me manteve coeso na vida. Se a música me permitiu isso, por que não permitirá acontecer também com outras pessoas?

E o Álibi de Orfeu, aproveitando a mídia do evento em cadeia nacional, realizou o lançamento oficial do último trabalho da banda nos palcos da Amazon Music, denominado "Desterro" – uma ópera-rock escrita e desenvolvida desde 2011. Dividimos o palco com o Stress e Kleber Tayrone. Foi uma produção de palco, envolvendo som e iluminação impecáveis, dignos de grandes eventos. Consegui tocar mais uma vez. Foi muito boa a estrutura de palco, não senti limitações e pude tocar feliz.

Na semana posterior à feira, já havia iniciado a produção de outro evento. Esse em especial, tive a ideia de produzir quando ainda estava na UTI pela segunda vez em dezembro. Assistia TV na UTI, havia uma bem perto do leito em que estava deitado e que servia para todo o ambiente. Ninguém queria saber da TV, mas eu estava me sentindo bem e consciente, por isso, usando meus poderes de professor, consegui o controle remoto. Comecei a assistir as notícias e alguns filmes. No noticiário, além das tragédias usuais, outro fato me chamou atenção: a quantidade de mulheres sendo agredidas por companheiros e, o pior de tudo, boa parte sendo assassinada, aumentando os índices de feminicídio no Brasil. Esse fato, infelizmente, já havia previsto astrologicamente, pois o ano regido por Marte geralmente aumenta o poder masculino. Desliguei a TV, fiquei estarrecido com tudo aquilo. Não queria me emocionar, mas já estava revoltado. Prometi a mim que faria um evento quando saísse dali, por ocasião do Dia Internacional das Mulheres. Refleti e arquitetei o evento. Dei o nome de "O Verbo de Ser Mulher". Já tinha a fórmula na mão, mas havia um problema, quem me ajudaria? Não teria condições de fazer tudo sozinho. Pensei, pensei, pensei e veio a primeira pessoa para me ajudar. Uma poeta ou poetiza, que já havia trabalhado com o Álibi de Orfeu há tempos, Roseli Sousa.

Roseli aceitou e chamou outra poeta do ramo, Juliana Damasceno, para ajudar na mobilização do espetáculo. Quarenta e cinco dias antes do evento, sem ainda nada confirmado em teatro, estávamos num café reunidos para elaborar a proposta. A justificativa já estava pronta e já havia protocolado no teatro o pedido de pauta. O evento contaria com as cantoras se apresentando alternadamente no palco, seguidas de declamações de poemas sobre o feminino de autoria das poetas e de vários relatos de experiência de representações femininas da sociedade civil organizada. Confesso que estava tenso com essa dinâmica no palco, pois era uma ação inovadora e ao mesmo tempo a reação do público era uma incógnita.

Para nossa surpresa, a Secretaria de Estado de Cultura encampou o projeto e o agendou como oficial, tudo em parceria com nosso grupo de execução. Meus parceiros de banda foram fundamentais ao disponibilizarem a infraestrutura de palco para as artistas. Acompanhamos algumas cantoras. Tocamos duas músicas da ópera-rock com a Orquestra Sustentável Percussão da Terra e foi uma experiência incrível. Foi emocionante para nós da banda e para o público, que pôde presenciar adolescentes tocando percussão com instrumentos recicláveis feitos com madeiras reaproveitadas de obras e tambores feitos de garrafas de água de vinte litros.

Meus parentes estavam preocupados comigo, pois organizava os bastidores de entrada e saída das artistas no palco, com a fundamental ajuda da Roseli e da Geiza nos camarins, e ainda tinha de tocar e vez por outra apresentar as atrações. Bem, foi uma experiência. Ocorreu tudo certo. Os representantes do governo e a plateia aprovaram. Os planos para o futuro são grandes e as artistas e os poetas aprovaram o formato do projeto. A repercussão foi incrível nas redes sociais e a missão foi cumprida. Entendi que mais um ciclo se fechou com as mulheres verbalizando o que sentiam e o que queriam dizer.

O INÍCIO
DO EPÍLOGO

E tudo segue o curso como deve ser, isto é, como determinou Deus, a vida é assim, há um fluxo. A biologia da vida e toda gama de ciências criada pelo homem para ajudá-lo a sobreviver e a encontrar respostas e significados que justifiquem a existência nesse planeta faz parte de um processo natural inserido em algo maior: a evolução material e espiritual da humanidade.

Os seres humanos estão em um estágio de evolução em uma luta aparente contra o tempo sob várias justificativas, inclusive a sistemática ansiedade e pressa para encontrar respostas ainda não disponíveis aos simples olhos dos mortais.

A velocidade para viver tem uma significação percebida na vida diária de um trabalhador, de uma mãe de família, de uma dona de casa, de um empresário, de um servidor público e de muitos outros. Os afazeres e as responsabilidades, desde a simplicidade de uma ação rotineira até a relação entre pessoas, demonstram o estágio na forma de pensar dos seres humanos. A cada dia, mais e mais pessoas fazem parte deste mundo em grandes cidades. Viver nesses coletivos, inseridos em uma aura de respeito com o próximo, demonstra, em parte, o processo de evolução da sociedade no limiar entre o individual e o coletivo. Até aonde ambos podem ir se não houver um sentido prático cada vez mais transformador na vida? Esse é o ponto, os seres humanos estão melhores e basta observar a história. A prova disso é a grande população do mundo obrigada a conviver em grandes aglomerados humanos, sob vários aspectos culturais, sociais, econômicos, morais, jurídicos e históricos com as mais diversas heranças. Fica, então, outra indagação para justificar essa sintomática melhora dos seres humanos: como a humanidade não entrou em colapso diante das aglomerações humanas e das divisões de espaço, diga-se, por um chão, por um teto, na simples caminhada pelas calçadas, pelas praças, pelos túneis, pelas praias, por um pouco de sol no rosto e ar para respirar? Observe, mesmo diante de tal complexidade, não houve um colapso mais dramático nessa equação entre quantidade populacional, espaços urbanos e rurais e, ainda, os recursos naturais disponíveis no planeta. Sem deixar de ressaltar a pacificidade com estabelecimentos de regras e costumes, sem necessariamente precisar da formalização de leis e de regramentos para se estabelecer harmonia e respeito entre os cidadãos. Há algo maior que talvez fuja dos olhares humanos, justamente a própria evolução imperceptível.

O papel dessa evolução humana no atual estágio da sociedade em diversas partes do globo, evidentemente, não demonstra somente flores e perfumes na vida. Sabe-se muito bem, e não se pode negar, dos números negativos no meio dessa equação, isto é, francas exceções nos quesitos da violência urbana, martírio de seres humanos, guerras, banalidade do mal e muitos outros, em contraposição aos resultados positivos. Por mais que discursos de desesperança contestem o lado positivo a partir de uma conjuntura momentânea, talvez pela falta de percepção da amplitude histórica, o predomínio do bem sobre o mal é incontestável na grande maioria das sociedades.

Não é o caso de se ter o otimismo pelo otimismo e de acreditar nos anjos de candura dos seres humanos, mas a essência da natureza humana é positiva, se não fosse assim a humanidade não estaria do tamanho em que está. A própria dualidade entre o individualismo e o coletivo é uma luta interna e externa travada pelos seres humanos nesse processo de sobrevivência, em que o bem-estar do próximo é a justificativa de existir da humanidade, por mais que a tendência e todo um processo cultural de valorização individualista do ter tentem suplantar o ser, deixando essa preocupação, muitas vezes de lado.

EPÍLOGO

As palavras e reflexões nesse emaranhado de ideias têm uma intenção clara desde as primeiras linhas da introdução – ajudar. Simplesmente ajudar a refletir sobre a vida individual e coletiva diante de tanta confusão de ideias, informações e imagens literalmente arremessadas no cotidiano na mente dos mortais. É preciso ter uma atitude no meio do caos, sobretudo àqueles que estiverem à beira de um colapso seja de ordem material ou de ordem psicológica.

Nesse ritmo frenético de vida, não pense ser fácil mudar o andamento com a imposição das limitações em diversos sentidos. Nada é fácil ou, diria, nada é tão fácil. Mas há indagações em primeira pessoa por fazer: por que me entregar? Por que me fingir igual aos três macacos: não ver, não falar, não escutar? Por que não perceber nesse mundo que há muito a se aprender, incluindo nesse pacote os verbos mudar, transformar e transmutar?

Tive a oportunidade de conhecer e conversar com pessoas que passaram pelo mesmo processo e percebi, nas histórias, tentativas de justificar situações de ordem pessoal, digamos injustificáveis, para simplesmente se entregar aos desígnios de Deus a fim de esperar por algo maior e sublime, como se não houvesse mais nada a fazer a não ser esperar. Mas quem sou eu para interferir em uma vida, mesmo com uma simples batidinha no ombro de incentivo e dizer: "É isso aí irmão, siga seu caminho".

Não, não dá para ser assim, por isso resolvi escrever. Talvez para me responder sobre o que eu preciso ler e ouvir de mim, o que devo seguir ou fazer. Há muito o que fazer ainda, numa espécie de infindável missão, mesmo que seja uma ínfima contribuição a alguém para ler e refletir.

É um processo difícil? Claro que é. Não é fácil entender essa equação. A mudança é gradual, inclusive para perceber um fato bem simples e corriqueiro que de tão óbvio ninguém dá importância: o ato de respirar. Exatamente, inspirar e expirar. Parece até engraçado, mas pense bem, essa qualidade no controle e na entrada de ar é o primeiro momento para começar a adquirir, de alguma forma, o início de um processo de predisposição do corpo para se obter a conscientização com a entrada satisfatória de oxigênio para alimentar a biologia do mundo vivo que habita o corpo humano. É biológico, pois as células, o cérebro e outros órgãos necessitam de oxigênio processado a partir do ato simples de respirar para dar início a outros e mais outros processos em ações para se viver melhor com plena fluidez do corpo. O ato de respirar, além de ser um ato de vida, se destaca no mundo oriental no início de várias práticas, como meditação, para manter o autocontrole.

Entendo e reconheço estar em um processo de conscientização dessa percepção de vida. Sinto-me como se fosse ainda uma criança aprendendo os primeiros passos para seguir no mundo. E nesse aprendizado, há também o ato de se ingerir alimentos com qualidade, de preferência sob orientação profissional e com a salutar leitura de artigos científicos na área da nutrição para estar predisposto a uma alimentação com produtos naturais, integrais, com cereais, sem gorduras saturadas e sem açúcares diretamente empurrados na corrente sanguínea.

É uma opção radical se comparar minha vida como era antes. E já informo com todas as letras, isso deixou minha vida mais leve e com qualidade. Simplesmente nunca imaginaria que pudesse chegar nesse ponto. O primeiro fato, além do natural emagrecimento, foi constatar a entrada de ar satisfatória nos pulmões e poder transformar isso em caminhadas, exercícios físicos, nas atividades no trabalho, no ato de tocar bateria e nas atividades de magistério.

Se essa mudança transformadora aconteceu comigo, acredito que pode servir para outras pessoas aproveitarem essa experiência para não encararem esse processo como um bicho de sete cabeças, poderem conectar causas e efeitos nas humildes ideias abordadas nas discussões destas páginas, e entender a amplitude das influências do mundo real e os efeitos no corpo.

Durante a vida pude percorrer vários circuitos, vários círculos. Esses círculos da vida são determinantes em muitos acontecimentos na história de vida de cada um de nós seres humanos, até porque as escolhas em adentrar neles são exclusivamente individuais. Mas, às vezes, somos obrigados a entrar em círculos de vida que necessariamente não fizeram parte de nossas escolhas. É como se houvesse algo maior determinando a vida, os caminhos a serem prosseguidos.

Saí de dois círculos de vida, um do mundo do trabalho e outro no campo das artes, para entrar em um novo a fim de aprender o que talvez não pude ver a olhos nus, sentindo na pele a dor física, o que realmente ainda tenho de aprender. A dor veio arrebatadora no peito para enxergar mais a fundo o que já deveria ser visto. Confesso estar aprendendo ainda a enxergar a amplitude de símbolos e das informações abundantes nesse mundo.

Enfim, várias formas e fatos se tornaram relevantes. Coisas anteriores que sequer dava importância, mas hoje entendo de outra maneira. Palavras e olhares, acenos e gestos, o simples ouvir mais do que falar já conseguiram me fazer adquirir um novo patamar em minhas indagações e respostas. A vida fica bem melhor de ser vivida. Não levo tão a sério determinadas situações e me afasto de zonas negativas.

O polo positivo não está somente numa tomada ligada a um sistema de energia elétrica alimentado por hidrelétricas ou quaisquer outras fontes de energia. Ao lado do positivo, não se pode omitir, há o negativo e também o aterramento. Isso é física. As pessoas também correspondem, transitam mentalmente e biologicamente pelos dois polos, o positivo e o negativo. Em ambos, as escolhas em prosseguir ora com um, ora com outro é de cada um. A razão e a inteligência servem para domar a dualidade entre esses dois campos e naturalmente amortecer um desses dois lados. Mas é evidentemente que é preciso muito mais, é preciso perceber algo maior.

Nesse meio, surge algo importantíssimo, uma palavra professada por boa parte da população mundial e fundamental para manter o coração batendo, com o ar percorrendo nos pulmões e a vida mais cheia de brilho – o amor. E assim a vida prossegue, permeada por essa palavra que, de teoria em teoria, já foi tão entoada, mas mesmo assim, continua difícil de ser entendida, pois os efeitos são diferentes e iguais. Dizer sim é amor. É amor saber a hora de negar. É amor entender além e saber reconhecer o ato de respeitar, sem o qual não há amor que resista.

O amor bate em mim, bate em ti, bate em nós, bate no mundo natural, bate na vida. O amor canta, encanta e carrega o respeito pelos seres vivos na dignidade da arte de se conviver para aprender a ser melhor. E ser melhor é se transformar entre mundos e paredes a fim de se soltar das amarras da liberdade para estar além, por onde ecoam os sons de um futuro em que o tempo não será o tempo, mas apenas a essência de se viver por todos, entre os finitos e infinitos das luzes em muitos chãos de estrelas.

Bate coração, toca teu...tum ta tum tum, ta tum ta tum tum...

ATÉ MAIS VER!